KB106525

검색
마스터가
알려주는
인터넷
활용법

검색 마스터가 알려주는 인터넷 활용법

발행일   2017년 4월 7일

지은이   박 범 진
펴낸이   손 형 국
펴낸곳   (주)북랩
편집인   선일영   편집   이종무, 권유선, 송재병, 최예은
디자인   이현수, 이정아, 김민하, 한수희   제작   박기성, 황동현, 구성우
마케팅   김회란, 박진관
출판등록 2004. 12. 1(제2012-000051호)
주소   서울시 금천구 가산디지털 1로 168, 우림라이온스밸리 B동 B113, 114호
홈페이지 www.book.co.kr
전화번호 (02)2026-5777   팩스   (02)2026-5747

ISBN   979-11-5987-497-0 03000 (종이책)   979-11-5987-498-7 05000 (전자책)

이 도서의 국립중앙도서관 출판예정도서목록(CIP)은 서지정보유통지원시스템 홈페이지(http://seoji.
nl.go.kr)와 국가자료공동목록시스템(http://www.nl.go.kr/kolisnet)에서 이용하실 수 있습니다.
(CIP제어번호: CIP2017008193)

(주)북랩 성공출판의 파트너
북랩 홈페이지와 패밀리 사이트에서 다양한 출판 솔루션을 만나 보세요!
홈페이지 book.co.kr   1인출판 플랫폼 해피소드 happisode.com
블로그 blog.naver.com/essaybook   원고모집 book@book.co.kr

1주일 만에 프로 검색러로
만들어주는 검색의 비밀

검색
마스터가
알려주는
인터넷
활용법

박범진 지음

북랩 book Lab

정보화 시대 이전부터 양질의 정보를 가지는 것은 정부나 기업에게 중요한 부분이었지만, 정보화 시대가 도래한 이후에는 경쟁력을 나타낼 정도로 그 중요성이 더욱 커졌습니다. 이제는 필요한 정보를 어디서, 어떻게 찾는지가 경쟁력을 나타내는 지표가 되었습니다. 세계 모든 정부나 기업, 단체들은 정보를 수집하는 것에 노력을 아끼지 않고 있는데, 어떻게 하면 원하는 정보를 적시에 정확하게 취득할 수 있을까요? 검색엔진을 이용해 검색한 결과물을 무작정 확인하면 만족스러운 정보를 취득할 수 있을까요? 물론 검색엔진을 통해 나오는 결과물을 확인하며 자료를 찾는 것은 꼭 필요한 절차입니다. 하지만 검색어에 점 하나를 넣은 것과 그렇지 않은 것에 따라서도 나오는 결과물이 확연하게 다르기 때문에 단순하게 검색어만 넣고 검색하기보다는 조금이라도 더 센스 있고, 더 현명하게 검색하는 것이 필요합니다.

1장에서는 검색엔진 '구글'을 통해 필요한 정보를 효율적으로 취득하는 방법을 소개합니다. 이른바 구글링이라고 불리는 검색법을 안내하는 것입니다. 검색은 컴퓨터 전공자만 하는 것도 아니고, IT업계에 다니는 직장인만 하는 것도 아닙니다. 컴퓨터를 전공하지 않은 사람도, 컴퓨터와 전혀 관련 없는 회사의 직장인들이나 학생 등 모든 사람들이 다양한 원인으로 검색엔진을 통해 자료를 검색합니다. 즉, '검색'이라는 분야는 특별히 컴퓨터 관련 지식이 없는 사람도 필요로 한다는 것입니다. 이 책은 컴퓨터 관련 초보자나 이른바 컴맹이라고 불리는 사람들도 손쉽게 따라할 수 있는 '검색법'을 소개할 것입니다. 이미

검색엔진을 운영하는 회사들은 검색 초보자들을 위해 여러 가지 기능을 제공하고 있는데, 상당수 사람들이 이러한 기능이 있는지도 모른 채 단순히 검색창에 검색어를 넣습니다. 그리고 나오는 수많은 결과물들을 일일이 확인하는 수고로움을 감수합니다. 이처럼 새로 나오는 기능이나 서비스를 활용하지 않고 기존의 방법만 고수하는 분들에게 더 나은 검색 방법을 제시할 것입니다. 검색의 최신 트렌드가 되어 가고 있는 구글을 활용한 구글링과 차세대 웹 브라우저로 각광받고 있는 크롬의 기능들을 소개해 효율적인 검색이 가능하도록 할 것인데, 주요 포인트는 컴퓨터 환경을 검색 맞춤형으로 조성하는 것입니다. 정확하고 빠른 검색을 위해서는 일단 컴퓨터의 검색 환경을 자신에게 맞게 최적화시켜 놓는 것이 매우 중요하기 때문입니다. 환경만 제대로 갖춰도 그렇지 않은 사람들보다 빠르고 정확하게 정보를 접할 수 있습니다. 또한, 차세대 웹 브라우저로 크롬이 인기가 있는 이유를 크롬의 숨겨진 기능을 통해 소개할 것입니다.

크롬의 기능까지 소개를 마치면, 그 이후에는 저자가 검색을 하면서 도움을 많이 받고 있는 일종의 검색 TIP을 소개합니다. 기초적이면서 기술적인 것으로 알아두면 유용하게 쓰일 수 있는 것들을 담았습니다. 무엇이든지 기초가 가장 중요하다고 생각합니다. 이 책에서 다루지 않은 더 많은 검색법들이 존재할 것입니다. 검색을 효율적으로 하기 위해서 기능이나 방법을 많이 아는 것도 중요하지만 더 중요한 것은 적은 기능이나 방법이라도 숙달도를 높여 자신의 것으로 만드는 것입니다. 단 몇 가지라도 완벽하게 자신의 것으로 만든 뒤, 하나씩 하나씩 노하우를 늘리는 방식으로 자신만의 검색 기법을 체득하다 보면 어느 순간 모든 체계가 일사불란하게 움직이는 하나의 매커니즘이 되어, 빠르고 정확한 검색을 할 수 있을 것입니다.

2장에서는 검색엔진 외에 우리나라의 독특한 정보 공유 형태를 소개하고 그곳에서 정보를 얻는 방법을 안내할 것입니다.

*주식 빼고 다 잘하는 주갤러? 2015년 한국에서 가장 비싼 커뮤니티로 평가된 오늘
의유머? ㅅㄷㄹ ㅅㅋㅂㅇ 갤럭키 현아 35, 표인봉 28 599욕 무부로 졸업한 뽐뿌인?*

다른 나라와 달리 우리나라는 우리나라만이 가진 연(緣)을 중시하는 문화를
기반으로 한 정보 공유 체계가 있습니다. 학연, 지연, 혈연처럼 연(緣)을 중시
하는 문화 속에서 다양한 모임이 만들어졌고, 그 모임에서 생산되고 전파되
는 정보 공유 체계가 무척 발달했습니다. 온라인에서 그러한 역할을 하는 것
이 바로 '커뮤니티' 사이트들입니다. 여러 커뮤니티들에 모인 사람들은 커뮤니
티 안에서 각각 고유한 특성과 문화를 생산하며 더 많은 사람들을 모이게 하
였고, 그렇게 모인 사람들은 서로 정보를 공유하며 하나의 '정보 공유 공동체'
를 형성하게 되었습니다. 정보 공유 공동체를 지탱하는 가장 큰 요소는 커뮤
니티를 이용하는 사람들이 정보를 공유하려는 습성을 보인다는 것입니다. 속
칭 찌라시부터 자신이 겪은 일, 실시간 사회적 이슈들을 자기 혼자 알고 있으
려고 하기보다는 익명성이라는 인터넷의 특성을 활용해 정보를 전파하려는
모습을 보입니다.

일례로 2016년 사회적으로 충격을 주었던 〈신안군 섬마을 여교사 성폭행 사
건〉을 들 수 있습니다. 이 사건이 세상 밖으로 널리 알려지게 된 계기는 피해
자의 남자친구가 온라인 커뮤니티(카페)에 사건의 내용을 작성한 것이 주요했
습니다. 학부형들로부터 성폭행을 당한 교사 이야기는 글을 읽은 다른 회원들
의 분노를 불러일으켰고, 이를 전파하려는 커뮤니티 이용자들의 특성이 발동
되어 여러 커뮤니티에 소식이 전해지게 되었습니다. 결국 지상파 방송국 기자
에게까지 정보가 흘러 들어가게 되며 큰 관심을 모으게 된 것입니다.

이렇게 커뮤니티 이용자들은 서로가 연결되어 정보 공동체를 이루고 있는데,
누구든지 접근할 수 있는 개방형 정보 공동체임에도 접근조차 하지 않거나,
접근을 어려워하는 사람들이 아직도 많습니다. 앞에서 언급한 주갤러, 오유,
뽐뿌인은 우리나라의 특징 있는 커뮤니티 3곳에 대한 설명입니다. 약간의 관

심만 기울여 그들의 개방된 정보 공동체를 접해본 네티즌이면 앞의 3문장 전체가 쉽게 이해될 것이나, 그렇지 않다면 무슨 말인지 모를 수 있습니다. 대부분의 커뮤니티들은 누구든지 손쉽게 접근해서 필요한 정보를 나눌 수 있도록 합니다. 회원가입 없이도 게시물을 마음껏 볼 수 있는 시스템을 정착한 것입니다. 이처럼 회원가입 없이도 쉽게 커뮤니티 활동을 할 수 있는 상황이지만, 필요한 정보를 찾음에 커뮤니티를 활용하지 않는 이유는 3가지 정도로 볼 수 있습니다.

첫 번째로 정보를 찾는 것에 관심이 없는 경우입니다. 필요로 하는 정보의 양이 적어 굳이 노력을 기울여 정보를 찾지 않아도 신문이나 방송을 통해 충분히 원하는 만큼의 정보를 취득하는 환경에 있다면, 커뮤니티 자체에 관심을 가지지 않는 것입니다. 두 번째는 빠르게 발전해버린 인터넷 환경을 쫓아가지 못해 인터넷과 관련된 모든 활동에 소극적인 경우입니다. 세 번째는 커뮤니티의 운영체계나 사용법에 적응하지 못하는 경우입니다. 두 번째와 세 번째에 해당하는 사람들은 주로 기성세대거나 이제 막 인터넷을 접하게 되는 어린이나 청소년일 것입니다. 이 책은 모든 연령층의 독자를 대상으로 커뮤니티에 대한 기초적이고 기본적인 정보를 제공해 누구나 어려움 없이 커뮤니티를 활용할 수 있도록 안내합니다.

이미 정보 획득을 위한 목적으로 온라인 커뮤니티를 사용하는 사람들이 크게 늘었고, 앞으로도 사용 인원수는 늘어날 것으로 전망되는데, 처음 온라인 커뮤니티를 접하는 사람을 기준으로 초보자가 알아야 할 온라인 커뮤니티의 순기능과 활용법, 오용 사례를 소개할 것입니다. 순기능과 활용법을 통해 커뮤니티들의 특징과 분위기, 각 커뮤니티 사용자들의 특성을 소개해 원활한 커뮤니티 사용이 가능하도록 할 것이고, 오용 사례를 통해서는 커뮤니티나 인터넷 사용 시 주의점을 느낄 수 있도록 구성했습니다. 특히 온·오프라인 세상에서 여러 사건과 사고를 터뜨렸던 일간베스트저장소(일베)의 몇 가지 사례를 통해 커뮤니티를 잘못 사용하는 경우를 소개하였습니다. 일베 유저들의 상당수는 우리와 동떨어진 사람들이 아니라 같이 회사에 다니거나, 학교에 다니는 평범한 사람들입니다. 문제적인 행동으로 재판에 넘겨진 일베 회원들을 보면 속칭 철이 없는 학생이나 주변에서 흔히 볼 수 있는 평범한 사람들이었던 것이 이를 반증합니다. 일베 유저들이 일베는 속칭 찌질이들만 모인 집합소라는 말에 발끈해 자신들의 학력을 인증했던 '인증대란'에서도 진위여부는 알 수 없으나 많은 일베 유저들이 평범하게 대학교를 다니거나 직장을 다니는 사람들임을 나타냈었습니다. 즉, 평범한 사람들이 커뮤니티의 집단성과 전파성, 익명성을 기반으로 마음속 불만과 증오심을 여과 없이 표출하고 그것에 동조하는 그들만의 군중심리를 통해 커뮤니티를 잘못 사용하고 있는 것입니다. 커뮤니티를 오용하는 것이 비단 일베에서만 일어나는 것은 아니지만, 일베가 다른 커뮤니티에 비해 전반적으로 표현이 자극적이고 선정적이기 때문에 일베를 통해 인터넷 윤리를 무시하고 오용하는 네티즌들의 사례를 알아보고, 올바른 커뮤니티 사용에 대한 필요성을 소개할 것입니다.

C O N T E N T S

2장 온라인 커뮤니티 이해

1장

정보 검색법

지금부터 검색엔진을 통해 원하는 자료를 효율적으로 찾는 것을 소개할 것입니다. 먼저 세부적인 것을 소개하기에 앞서, 각 검색 포털 사이트에 대한 차이점을 간략하게 소개하고자 합니다. 여러 검색 포털 사이트 사이의 차이점을 알아야 원하는 정보 검색 시 적합한 사이트를 정할 수 있고, 그만큼 원하는 정보에 신속하게 다가갈 수 있기 때문입니다.

우리나라 사람들이 검색을 할 때 사용하는 사이트로는 '구글'과 '네이버', '다음'을 들 수 있습니다. 그중에서도 우리나라에서 운용하는 네이버와 다음을 사용하는 분들이 많습니다. 이유는 무엇일까요. 이유를 알아보기 위해 네이버, 다음, 구글의 화면 구성을 살펴보겠습니다.

네이버 첫 화면   다음(DAUM) 첫 화면

위의 이미지는 포털 사이트 네이버와 다음의 첫 화면입니다. 포털 사이트는 인터넷 세계에 들어가기 위한 일종의 입구라고 보면 됩니다. 영어인 'Portal Site'를 우리나라 말로 표현한 것이며 'Portal'은 입구, 현관이라는 의미입니다.

우리나라의 포털 사이트들은 시각적인 부분을 중요하게 생각합니다. 처음 사이트에 들어가자마자 사진들이 뜨면서 사람들의 눈길을 사로잡습니다. 이렇게 시각적인 부분을 강조하는 것은 구글을 제외한 다른 포털 사이트들의 공통점으로 볼 수 있습니다. 사람들은 자신의 눈길을 사로잡는 사진을 발견하면 무심코 클릭하게 되는 경향이 있기 때문에 시각적인 것에 신경을 많이 쓰는 것입니다.

이것은 포털 사이트의 재정적인 부분에 큰 영향을 줍니다. 포털 사이트를 운영하는 회사들은 광고를 원하는 기업들로부터 광고비를 받고 포털 사이트 잘보이는 곳에 해당 업체의 홍보를 해줍니다. 이를 통해 수익을 창출하기 때문에 포털 사이트 운영 회사에서는 화면 구성에 많은 신경을 씁니다. 물건을 팔거나 행사 광고를 원하는 기업 입장에서도 포털 사이트 화면 좋은 지점에 광고를 내는 것만큼 크게 홍보 효과를 볼 수 있는 방법이 없다는 것을 알기 때문에 비싼 광고비를 내고서라도 포털 사이트를 활용합니다. 그럼, 이번에는 다른 포털 사이트들과는 다른 화면 구성을 가진 구글을 보겠습니다.

조금 전까지 소개한 포털 사이트들과는 느낌이 많이 다를 것입니다. 사진도한 장 없고, 오로지 딸랑 검색창 하나만 존재할 뿐입니다. 이런 점은 사진으로 구성된 것에 익숙한 우리나라 사람들이 구글을 잘 사용하지 않는 이유이기도 합니다. 너무 이질감이 든다는 것입니다. 우리나라 포털 사이트들은 첫화면부터 지금 벌어지는 크고 작은 이슈들에 대해 정보를 제공하는 역할을하지만 구글은 화면 구성상 그렇지 않습니다. 사진은커녕 실시간 검색어 순위도 없는 친숙한 그림이 아니다 보니 구글에 들어왔다가도 다시 네이버나 다음처럼 친숙한 곳으로 돌아가는 것입니다. 이렇게 화면 구성에 차이가 있는 것은 사이트별 특색으로 이해하면 됩니다. 어디가 좋고 나쁘고의 관점이 아니라, '서로 운영하는 방식이 다르다'라고 접근하면 됩니다. 운영방식의 차이는 검색 결과물의 차이를 가져옵니다. 똑같은 검색어를 입력해도 포털 사이트별로 서로 다른 결과와 구성을 보여주게 됩니다. 여기서 검색과 중요한 관련성이 있는 '상위 노출'을 소개하겠습니다.

'상위 노출'은 말 그대로 검색했을 때, 어떤 결과물이 상단에 위치하는지를 말하는 것입니다. 가급적 앞선 페이지의 상단에 위치할수록 홍보 효과가 좋아 사람들의 관심을 모을 수 있기 때문에 검색에서는 상당히 중요한 부분입니다. 그래서 기업체들은 자신들이 만들거나 운영하는 제품과 관련된 검색어의 결과물 상위 노출을 조건으로, 포털 사이트에 광고비를 내기도 합니다. 그렇다면 광고 외에 일반적인 자료들이 노출되는 순서는 어떻게 정해질까요? 바로 '검색 로봇'이 그 역할을 합니다. 검색 로봇은 인터넷 세상을 돌아다니며 자료를 수집하고 분류해 놓습니다. 그리고 검색 로봇 운영진에서 정해놓은 기준, 예를 들면 클릭 횟수 같은 것을 기준으로 해 그에 따라 자료를 배열하고 순서대로 노출시키는 것입니다. 검색어를 어떻게 입력하느냐에 따라 기준이 바뀌고 나오는 결과물도 달라지는 것입니다.

포털 사이트들은 자신들이 운영하는 콘텐츠를 상위에 노출시키는 경향이 있습니다. 네이버의 경우 검색 결과로 〈네이버 블로그〉나 〈지식IN〉의 결과물을 상위에 노출시키는 것입니다. 다음(DAUM)의 경우에는 〈다음 카페〉를 들 수 있습니다. 만약 자신이 어떤 것을 검색하는데 그것이 네이버 블로그나 다음 카페에서 도움을 받을 수 있다고 생각되는 분야(ex: 맛집, 여행)라면 네이버나 다음을 이용해 검색하는 것이 다른 포털 사이트를 통해 검색하는 것보다 효율성이 높을 수 있습니다.

마찬가지로 네이버 블로그나 다음 카페보다 웹 문서 자체에 대한 결과물을 보고 싶다면 구글을 활용하는 것이 자료를 찾는데 빠를 수 있습니다. 따라서 자료를 찾고자 할 때 어떤 포털 사이트를 이용하면 좋을지를 먼저 판단하는 것도 검색 시간을 절약하는 한 방편입니다.

지금까지 간략하게 검색의 결과가 나오는 메커니즘을 알아보았습니다. 이 책은 '구글'을 중심으로 기술됩니다. 구글은 '포털 사이트'보다는 '검색엔진'으로 분류되는 사이트입니다. '검색엔진'은 검색을 위한 소프트웨어로 사용자가 원하는 결과물 제공에 초점이 맞춰진 일종의 프로그램입니다. '포털 사이트'는 검색엔진뿐만 아니라 그 외 부수적인 서비스들, 예를 들면 쇼핑이나 웹툰 만화 같은 것도 함께 제공하는 종합 사이트를 말합니다. 구글은 비교적 다른 서비스를 제공하지 않고 '검색엔진'에 집중한 사이트로 평가받고 있습니다. 게다가 구글은 사용자들의 검색 편리성을 높이기 위해 다양한 기능을 제공하고 있고, 구글의 검색엔진과 함께 구글에서 운영하는 웹 브라우저 '크롬'을 함께 사용하면 효율성은 배가 됩니다.

최근에는 검색을 위해 구글을 사용하는 사람들이 늘고 있지만 구글에서 검색 편의를 위해 제공하는 기능을 모른 채 단순히 주변에서 검색을 잘하는 사람들이 구글을 사용해야 한다는 말을 많이 들어, 남들을 따라 그냥 구글을 사용하는 사람들이 적지 않습니다. 분위기에 이끌려서 사용하고 있다는 것입니다. 구글이 어떤 기능을 제공하길래 주변에서 구글을 권유하고 있는지 지금부터 예시와 함께 살펴볼 것입니다. 독자 여러분들은 책에 있는 예시 외에 자신이 찾고자 하는 분야의 검색어나 문장들에도 책의 예시에 따라 적용시켜 보기 바랍니다. 자주, 더 많이 할수록 검색 실력은 좋아집니다. 그럼 '구글링'부터 소개하겠습니다.

구글 검색법
(구글링)

검색엔진 구글을 사용해 검색하는 것을 '구글링'한다고 합니다. 이것은 넓게 바라본 의미이고, 조금 더 상세히 정의하자면 구글에서 제공하는 기능을 충분히 활용한 검색을 구글링이라고 할 수 있습니다. 구글에서는 사용자가 원하는 정보를 수월하게 얻을 수 있도록 연산자 등 여러 가지 편리한 서비스를 제공하고 있습니다.

다양한 기능 중 제일 먼저 소개할 것이 바로 구글 연산자입니다. 구글에서 제공하는 기능 중 가장 막강하고 효율성이 높은 기능으로, 잘만 활용한다면 연산자를 사용하지 않았을 때보다 더 빠르고 정확하게 원하는 정보를 얻을 수 있습니다. 연산자의 의미와 사용방법, 사용 시 주의할 점을 알아보며 연산자 사용이 원활하게 되도록 소개하겠습니다. 그럼, 구글의 검색 연산자를 알아보겠습니다.

1. 기본연산자

" " (큰따옴표)

기본연산자 중 첫 번째로 큰따옴표를 알아보겠습니다. 큰따옴표는 큰따옴표 안에 적은 단어 또는 구절과 순서까지 최대한 정확하게 일치하는 결과를 보여 줍니다. 띄어쓰기까지도 역시 적용됩니다. 쉽게 말해 토씨 하나 틀리지 않고 정확하게 똑같은 결과를 찾아내 보여줄 수 있는 연산자입니다.

다음은 필자가 임의대로 "정말 너무너무 재미있었다"를 넣어서 검색한 결과입 니다.

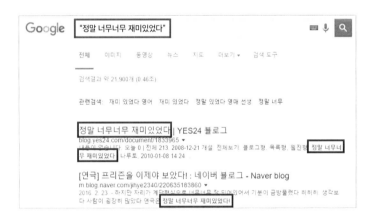

위에서 보다시피, 최대한 띄어쓰기부터 순서까지 정확하게 똑같은 결과를 찾 아내 보여줍니다. 큰따옴표는 정확하게 찾고자 하는 내용이 있을 경우 사용 하면 원하는 정보를 효과적으로 찾을 수 있습니다. 큰따옴표는 위처럼 문장 이나 단어 전체에 적용시켜도 되지만, 문장 안에서 특정 단어나 문구에 해도 됩니다.

아래는 오늘 저녁 메뉴를 정하고자 할 때, 김치가 꼭 들어간 저녁 메뉴를 찾고자 한 경우입니다.

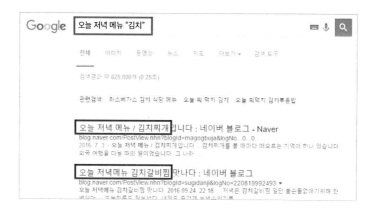

* (별표)

별표는 찾고자 하는 단어나 문구에서 일정 부분은 알고, 일정 부분은 알지 못할 때 사용할 수 있는 기호입니다. 속담을 예로 들어보겠습니다. '간에 붙었다 쓸개 붙었다 한다'에서 간과 쓸개가 헷갈리거나 기억이 나지 않을 때 쓸 수 있는 것이 별표입니다. 아래 이미지를 보겠습니다.

이렇게 일부분이 기억나지 않는 경우 사용하는 것이 별표입니다. 별표는 노래 가사가 기억나지 않거나 어려운 용어를 찾을 때 유용합니다.

다음은 또 다른 예시로 '원소 기호표'가 기억나지 않아 별표 연산자를 활용해 검색해 본 결과입니다.

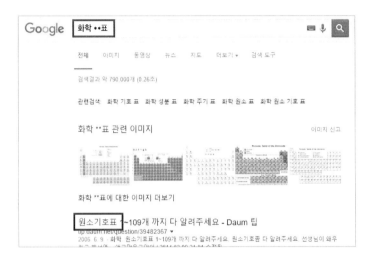

기타 기본연산자

구글은 위의 두 개 외에도 ..(마침표 2개), #(해쉬 태그) 등의 기호에 연산자 서비스를 제공합니다. 마침표 2개는 범위를 지정할 때 사용하는 기호로 마침표 2개 앞과 뒤에는 숫자나 숫자가 들어간 단위를 입력해야 합니다. 예를 들면 '2010년..2011년 예능'을 검색하면 2010년에서 2011년 사이의 예능에 대한 검색 결과가 표시되는 것입니다.

하지만 실제로 검색을 해보면 연산자가 제대로 기능하지 못하는 것을 볼 수 있습니다. 한번 마침표 2개를 사용한 것과 마침표 2개를 사용하지 않았을 때를 함께 살펴보겠습니다.

▶ 마침표 2개를 사용했을 때의 검색 결과입니다.

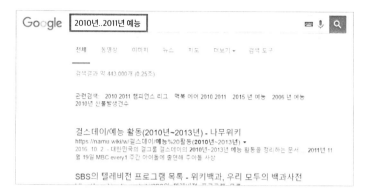

▶ 마침표를 사용하지 않았을 때의 검색 결과입니다.

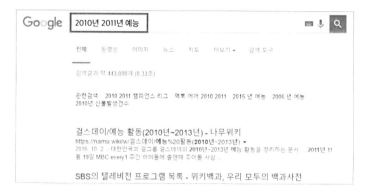

보다시피, 마침표를 안 했을 때와 같이 2010년, 2011년, 예능이 전부 들어간 검색 결과를 도출하는 것을 볼 수 있습니다. 위와 다른 검색어를 입력해도, 마침표 2개를 사용한 검색은 마침표 2개를 사용하지 않았을 때와 대부분 비슷한 결과를 보여줍니다.

정리하자면, 큰따옴표와 별표는 정확하게 연산자로써의 기능을 발휘한 검색 결과를 도출해주나, 마침표 2개나 다른 기호들은 상대적으로 적용이 잘 되지 않는 상황입니다. 하지만 향후 업데이트를 통해 기능이 향상될 여지는 남아 있습니다.

2. 논리연산자

- (빼기)

검색결과에서 제외시키고자 하는 정보가 있을 경우 사용하는 연산자입니다. 제외시킬 수 있는 정보에는 단어는 물론이고, 사이트도 제외시킬 수 있습니다. 사용하는 방법은 일단 찾고자 하는 정보에 대한 검색어를 먼저 검색창에 적은 뒤, 도출되는 결과 중에서 제외하고자 하는 정보를 -(빼기) 뒤에 작성해주면 됩니다. 예를 들어, 집에 고추장이 없음에도 떡볶이를 먹고 싶은 경우, 레시피로 고추장이 들어가지 않는 떡볶이를 검색해야 할 것입니다. 이 경우, 검색창에 '고추장이 들어가지 않는 떡볶이'를 검색어로 넣어 검색해도 되지만, 구글에서는 -(빼기) 연산자를 활용해 '떡볶이 레시피 -고추장'으로도 검색할 수 있습니다. 그럼 '떡볶이 레시피'에 대한 결과물 중 '고추장'이 들어간 결과는 제외하고 보여줍니다. 다음의 예시를 보겠습니다.

▶ '떡볶이 레시피'만을 검색한 결과입니다. 결과로 나온 곳들을 들어가 보면, 고추장이 사용된 레시피들이 많이 소개되어 있습니다.

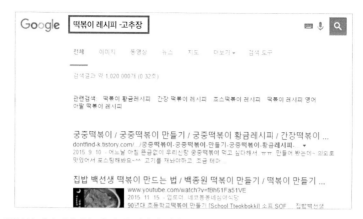

▶ '떡볶이 레시피'에서 '고추장'이 제외된 결과들을 보여줍니다. 고추장을 쓰지 않고 고춧가루나 간장을 이용한 떡볶이 레시피들을 보여줍니다.

주의

'- (빼기)' 연산자는 사용에 있어 약간의 주의가 필요합니다. 바로 띄어쓰기입니다. 띄어쓰기를 잘 못하면 빼기 연산자가 제대로 적용되지 않습니다. 빼기 연산자는 '검색어√(띄우기)-제외할 검색 어'로 사용해야 합니다.

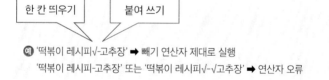

예 '떡볶이 레시피√-고추장' ➡ 빼기 연산자 제대로 실행
'떡볶이 레시피-고추장' 또는 '떡볶이 레시피√-√고추장' ➡ 연산자 오류

빼기 연산자로는 특정 사이트에 대한 결과도 제외시킬 수 있습니다. 인기 가수들을 검색하면, 해당 가수의 뮤직비디오나 관련 영상들이 상위에 자주 노출되는데, 이것을 한번 제외해 보겠습니다.

▶ 소녀시대를 검색한 경우입니다. 보다시피, 뮤직비디오 같은 동영상들이 상위에 노출되는 경우가 많습니다. 이것은 여타 다른 가수들에 대한 검색에서도 비슷한 결과를 보여줍니다.

▶ 소녀시대에서 유튜브 동영상을 제외한 결과입니다.

그렇다면, 빼기 연산자는 한 번만 가능할까요? 정답은 아닙니다. 빼기 연산자는 2개, 3개 이상 연속해서 할 수 있습니다. 지금부터 빼기 연산자를 연이어 사용하는 것을 살펴보겠습니다.

앞의 이미지는 '강남스타일'로 검색한 결과입니다. '강남스타일'은 인기 가수 싸이(Psy)가 전 세계적인 명성을 얻은 노래의 제목이기도 해서, 검색 결과 상위에는 싸이의 강남스타일이 대부분 노출됩니다. 싸이와 관련되지 않은 강남스타일에 대한 정보를 보고 싶은 경우, 빼기 연산자를 사용해 결과물을 찾을 수 있는데 싸이의 강남스타일의 경우 해외에서도 인지도가 높아 한국어 '싸이'만 제외시킬 경우 싸이의 영어 이름인 'Psy'로 된 결과들은 그대로 존재하게 됩니다.

▶ 강남스타일에서 '싸이'를 제외시킨 결과입니다. 한국어 싸이는 제외되었지만, 싸이의 영어 이름인 'Psy'에 대한 게시물은 여전히 상위에 노출됩니다.

위의 경우 싸이에 대한 검색 결과를 완전히 없애기 위해서는 싸이의 영어 이름인 'Psy'에 대해 빼기 연산을 추가로 실행시켜야 합니다. 추가로 빼기 연산자를 적용하는 방법은 첫 번째 빼기 연산자를 사용할 때와 같습니다. 한 칸을 띄우고 -(빼기)를 적은 뒤 제외시킬 검색어를 입력하면 됩니다.

▶ 강남스타일에서 한국 이름 '싸이'와 영어 이름 'Psy'를 제외한 결과입니다.

앞의 이미지처럼 2개를 연달아 연산자를 사용해도 되고, 3개를 해도 됩니다. 강남스타일에 대한 동영상을 없애기 위해 마지막에 유튜브 사이트까지 제외시켜보겠습니다.

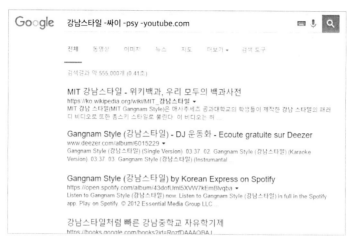

▶ 강남스타일 검색결과에서 싸이와 유튜브 사이트를 제외한 결과입니다.

이처럼 빼기 연산자는 찾고자 하는 정보와 관련성은 있으나 필요 없는 결과물을 제외시켜 보다 빠르게 정보를 찾을 수 있는 환경을 제공합니다. 사이트를 제외시키는 것도 잘만 활용한다면 광고나 홍보물을 제외시켜 검색하기 좋은 상태를 만들 수 있습니다.

주의

연달아 빼기 연산자를 할 때에도 띄어쓰기가 중요합니다. 한 칸을 띄우고 -(빼기)를 적은 뒤 제외시킬 단어를 -(빼기) 뒤에 붙여 적어야 합니다. 앞의 연산을 순서대로 소개하겠습니다.

① 강남스타일√-싸이
② 강남스타일√-싸이√-Psy
③ 강남스타일√-싸이√-Psy√-youtube.com

➡ 강남스타일 -싸이 -Psy -youtube.com <√ 표시 안 한 원본>

Site(사이트)

'Site(사이트)'는 검색어에 대한 결과물을 특정 사이트나 도메인에서만 도출하는 연산자입니다. 즉, 사이트 연산자는 자신이 원하는 정보를 특정 사이트에서만 찾고자 할 때 유용하게 쓰일 수 있습니다. 특히, 사이트나 커뮤니티에서 가끔씩 자체적으로 운영하는 검색 기능을 개편하거나 업데이트를 하는 경우 해당 사이트의 검색창을 통한 검색이 원활하지 않은 경우가 있는데, 이때 'Site(사이트)' 연산자를 활용하면 구글을 통해 해당 사이트에서의 검색을 수월하게 할 수 있습니다.

일례로 오늘의 유머(오유) 커뮤니티를 들어보겠습니다. 오늘의 유머는 2017년 1월 현재 검색 기능을 제목과 이름에만 제공하고 있습니다. 내용이나 댓글에 대한 검색 기능은 제공하고 있지 않습니다. 따라서 내용과 제목이 관련성이 없을 경우 찾고자 하는 정보를 찾을 수 없게 됩니다.

예를 들어, 제목을 '이거 완전 대박'이라고 해놓고 내용에 '김치찌개'에 대한 내용을 적어놓았을 경우, 김치찌개에 대한 검색을 할 수 없는 것입니다. 제목에 김치찌개가 없기 때문입니다.

먼저 오유 내용 안에서 검색하고자 하는 단어를 찾아보겠습니다. '오모가리찌개'에 대한 검색을 해보겠습니다. 오모가리찌개는 묵은지 김치를 뚝배기에 끓여 만드는 묵은지 김치찌개 정도로 볼 수 있습니다.

위는 오늘의 유머 자체 검색창을 통해 오모가리찌개를 검색한 결과입니다. 제목으로 오모가리찌개를 검색했으나, 아무런 결과도 도출되지 않았습니다. 그렇다면 오유에는 오모가리찌개에 대한 내용이 전혀 없는 것일까요? 정답은 아닙니다. 일단 Site(사이트) 연산자를 사용하는 방법을 알아보고, 구글 사이트 지정을 통해 오유 안에 오모가리찌개에 대한 검색을 해보겠습니다. 참고로 오유 사이트 주소는 www.todayhumor.co.kr입니다.

Site(사이트) 연산자 사용법

'Site(사이트)' 연산자는 다음과 같이 사용됩니다.

[site:사이트주소√검색어] 또는 [검색어√site:사이트주소]

예 site:todayhumor.co.kr√오모가리찌개
   오모가리찌개√site:todayhumor.co.kr

오늘의 유머 사이트를 특정해 오모가리찌개에 대해 검색한 결과입니다. 보다시피 오늘의 유머에 있는 오모가리찌개에 대한 많은 결과물이 도출되었습니다. 이렇게 사이트를 특정하는 것은 검색 기능이 활성화되지 않은 곳에서 효율성이 높습니다.

지속적인 업데이트로 많이 개선되고 있으나, 얼마 전만 하더라도 페이스북은 트위터나 인스타그램 등 다른 소셜 네트워크에 비해 검색 기능이 뒤처졌었습니다. 물론, 지금도 페이스북의 검색창을 통해 찾고자 하는 내용을 결과물을 찾아내기는 쉽지 않습니다. 따라서 페이스북의 자체 검색창을 통한 검색 이외에 구글의 사이트 연산자를 통한 검색을 추가적으로 해주면, 원하는 정보를 찾는 데 도움받을 수 있습니다. 페이스북의 검색 결과와 구글의 사이트 연산자를 써서 나오는 결과를 살펴보겠습니다.

▶ 페이스북 검색창을 통해 '된장찌개'를 검색한 결과입니다.

페이스북도 이미지처럼 검색어 검색 결과를 보여주지만, 일부만 결과에 나타
냅니다. 게다가 날짜별로 정렬되는 것도 아니어서 뒤죽박죽이라는 느낌을 받
습니다. 또한, 필자가 페이스북에서 '된장찌개'를 검색했을 때 나온 결과물은
약 20여 개가 전부였습니다.

페이스북을 이용하는 사람들의 수나 활동성을 고려했을 때, 결과물이 턱없이
적다는 느낌을 받을 수밖에 없습니다. 이렇게 결과물이 적게 나오는 정확한
원인은 알 수 없으나, 아직 검색 기능이 완벽하게 구축되어 있지 않은 것으로
추측됩니다. 부족한 부분을 구글 Site(사이트) 연산자 검색을 통해 확인해 보겠
습니다.

구글을 통해 페이스북에 있는 된장찌개를 검색해 보았습니다. 결과는 위의 이미지처럼 약 42,500개가 나왔습니다. 이렇게 양이 많은 이유는 최신 게시물뿐만 아니라, 오래된 게시물까지 검색했기 때문입니다.

이렇게 페이스북을 검색할 때도, Site(사이트) 연산자 검색을 활용하면 더 넓고 다양한 결과를 볼 수 있습니다.

궁금해요!

① 앞서 설명한 'Site(사이트)' 연산자에서 사이트 주소에 www를 안 썼는데, 쓰면 안 되나요?

→ 답변: 아니요. www를 써도 연산은 올바르게 실행됩니다.

ⓐ [site:todayhumor.co.kr 고기] = [site:**www**.todayhumor.co.kr 고기]

② 그럼 왜 www를 안 쓰나요?

→ 답변: 써도 되고 안 써도 된다면 안 쓰는 것이 경제적이기 때문입니다.

참고로 자체 검색 기능이 잘 갖춰진 사이트나 커뮤니티일지라도 구글의 사이트 연산자를 활용해 추가적인 검색을 해 보는 것에서 도움을 받을 수도 있습니다. 결과물의 순서나 배치가 다르게 나오기 때문입니다.

filetype(파일타입)

특정한 파일 형식의 정보를 찾고자 할 때 사용하는 연산자입니다. 쉽게 말하자면, 한글 문서 파일이나 파워포인트, 엑셀로 작업된 자료를 찾을 때 사용하는 연산자로 이해하면 됩니다. 한글 문서 파일은 우리나라 대부분의 회사나 기업에서 문서 작업을 할 때 사용하는 '한글' 프로그램을 통해 작성한 파일을 말합니다. 한글이나 엑셀, 파워포인트 등 특정 프로그램을 통해 문서를 만들면 그 작업된 문서는 각자의 고유한 파일 형식을 가지게 됩니다. 일례로 한글문서는 hwp라는 파일 형식을 가지게 됩니다. hwp는 Hangul Word Processor(한글 워드 프로세서)를 뜻합니다. 전문분야의 자료는 파일 문서 형태로 저장되는 경우가 많은데, 검색엔진을 통해 검색하면 기본적으로 결과물은 파일 문서보다는 웹문서나 관련 사이트 주소를 많이 도출합니다. 예시를 살펴보겠습니다.

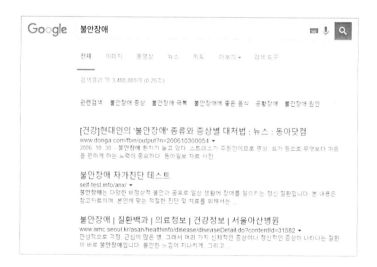

구글에서 '불안장애'를 검색한 결과입니다. 결과를 보면 문서 파일보다는 '불안장애'를 설명한 뉴스나 관련 정보를 제공하는 사이트, 웹이 결과로 도출됩니다. 한글이나 엑셀 파일은 잘 보이지 않는데, 이 경우 filetype(파일타입) 연산자를 유용하게 쓸 수 있습니다. filetype(파일타입) 연산자를 사용하는 방법을 알아보고 구글에서 직접 실행해보겠습니다.

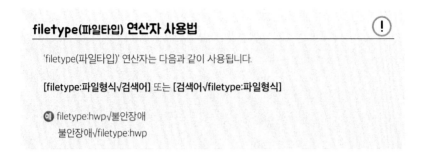

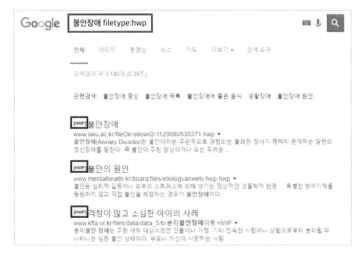

▶ 한글 파일만 찾는 연산자를 실행해 불안장애를 검색한 결과

연산자를 사용해 불안장애에 대한 자료 중 한글 파일로 된 것만을 추출한 결과를 확인할 수 있습니다. 해당 자료를 클릭하면 파일을 다운로드를 받을 수 있는 환경이 제공됩니다. 제목에 해당 검색어가 있지 않아도, 파일의 내용 안에 검색어에 대한 것이 있으면 찾아내서 보여주게 됩니다.

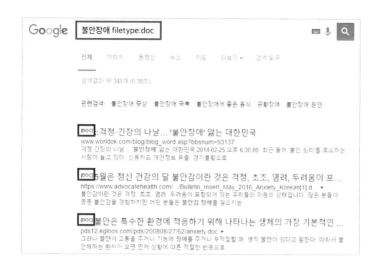

보다시피, 한글 파일 이외에도 엑셀이나 파워포인트 등의 파일 형식을 지정해 찾을 수 있습니다. DOC 파일은 마이크로소프트사의 '워드' 파일 형식입니다. 전문 자료나 일정, 공지 자료와 같은 정보를 찾고자 할 때 Filetype(파일타입) 연산자를 사용해 보세요.

intitle(인타이틀), allintitle(올인타이틀)

intitle(인타이틀)과 allintitle(올인타이틀) 연산자는 제목을 검색할 때 사용하는 연산자입니다. 내용은 신경 쓰지 않고 제목에 해당 검색어가 들어 있는 자료를 찾고자 할 때 사용하는 것입니다. allintitle(올인타이틀) 연산자는 intitle(인타이틀) 연산자 앞에 all을 붙인 것으로, 둘의 차이점은 제목에서 한 단어를 검색할지 여러 단어나 문장을 검색할지만 다를 뿐입니다. 예를 보면서 소개하겠습니다. 소개에 앞서 intitle(인타이틀)과 allintitle(올인타이틀) 연산자를 사용하는 방법을 알아본 뒤, intitle(인타이틀) 연산자에 대해 소개하고, 이어서 allintitle(올인타이틀) 연산자를 알아보겠습니다.

intitle(인타이틀) allintitle(올인타이틀) 연산자 사용법 (!)

intitle(인타이틀)과 allintitle(올인타이틀) 연산자의 사용법은 같습니다.

① intitle

[intitle:검색어]

➡ 'intitle'과 ':'(콜론) '검색어'까지 모두 붙여야 합니다!

예 intitle:자기소개서

② allintitle

[allintitle:검색어]

위의 intitle(인타이틀)과 사용법은 같습니다.

intitle(인타이틀) 연산자로 제목에 자기소개서(일명 자소서)가 있는 자료들을 찾아 보겠습니다.

제목에 자소서가 들어 있는 자료들을 결과로 보여줍니다. 그렇다면 intitle (인타이틀) 연산자 뒤에 두 개 이상의 단어를 넣으면 어떨까요. intitle(인타이틀) 연산자 뒤에 두 개 이상의 단어를 넣으면 맨 앞에 검색어가 제목에 있는 자료 중 뒤에 적은 검색어들이 내용에 들어 있는 자료들을 검색해서 보여줍니다.

이것이 allintitle(올인타이틀)과의 차이점입니다. 위의 예에서 allintitle(올인타이틀) 연산자를 쓰면 '자소서'와 '짬뽕'이 전부 제목에 들어 있는 자료를 찾게 됩니다. 한번 allintitle(올인타이틀) 연산자와 함께 두 개의 단어를 넣어서 검색해 보겠습니다.

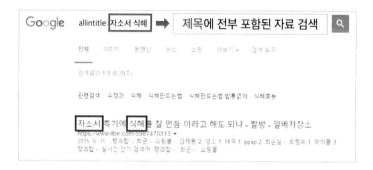

allintitle(올인타이틀) 연산자는 이미지처럼 검색어 전체가 제목에 들어 있는 자료를 찾습니다. 제목에 모든 검색어가 들어 있는 자료만 찾아내는 것입니다.

intext(인텍스트), allintext(올인텍스트)

intext(인텍스트)와 allintext(올인텍스트) 연산자는 앞의 intitle(인타이틀), allintitle(올인타이틀)과 반대로 생각하면 됩니다. intext(인텍스트)와 allintext(올인텍스트)는 제목과는 관련 없이 내용에서 해당 검색어를 포함하는 자료를 찾아내는 연산자입니다. 제목에 검색어가 없어도 내용에 검색어가 있으면 그 자료를 찾아내는 것입니다. intext(인텍스트)와 allintext(올인텍스트)의 사용법은 앞의 intitle(인타이틀), allintitle(올인타이틀) 연산자와 같으므로 생략하도록 하겠습니다. 앞을 참조해 주세요.

가급적 제목에는 사용되지 않는 어구를 사용하기 위해 '확실하진'을 넣어서 검색하였습니다. 제목과는 상관없이 내용에 검색어가 포함된 결과물을 찾아내는 것을 볼 수 있습니다.

allintext(올인텍스트)는 allintitle(올인타이틀)과 마찬가지로 한 개의 단어가 아닌, 두 개 이상의 단어나 문장이 내용에 들어 있는 자료를 찾을 때 사용합니다. intext(인텍스트) 연산자는 intitle(인타이틀) 연산자와 찾는 부분이 제목이냐 내용이냐만 차이가 있을 뿐이므로, 자세한 것은 intitle(인타이틀) 연산자 설명을 참조하면 됩니다.

기타 논리연산자

앞서 설명한 논리연산자 외에도 몇몇 연산자가 더 있습니다. 하지만 필자의 기준에서는 실제 검색할 때 큰 활용성을 발휘하지 못해 간략하게 정리하는 차원에서 소개하겠습니다.

연산자	해설
or	여러 단어 중 하나라도 포함하는 페이지를 찾습니다. **예** 짜장 or 짬뽕
relate	특정 사이트와 관련 있다고 판단되는 사이트를 검색합니다. **예** related:google.com
inurl allinurl	지정하는 URL 형식에서 검색어를 검색합니다. **예** inurl:edu 심리학

3. 유용한 검색 TIP

구글의 검색창은 사람들이 자주 검색하는 것들에 대한 결과물을 곧바로 보여주는 기능을 제공합니다. 마치 스마트폰의 음성인식 기능인 애플의 시리나 삼성의 S보이스처럼 복잡한 절차 없이 간단한 입력어로 빠른 검색 결과를 보여줍니다. 사실 이러한 기능은 최근 구글뿐만 아니라, 네이버나 다음 등 다른 검색포털에서도 제공하는 추세입니다. 그럼 구글의 숨겨진 검색 TIP을 알아보겠습니다.

수학적 계산기

구글 검색창은 검색창 자체가 계산기 기능을 합니다. 더하기, 빼기, 곱하기, 나누기는 기본적으로 검색창에 쓰는 것만으로 가능합니다.

검색창에 임의대로 사칙연산을 사용해 숫자를 넣은 결과입니다. 바로 계산기 기능으로 연결돼 계산한 값을 보여줍니다.

구글 검색창의 계산 기능은 단순 사칙연산에 머물지 않습니다. 환전이나, 단위 환산도 간편하게 할 수 있습니다. 환전과 단위 환산을 위해서는 연산자 '=(등호)'나 'to', '/(슬래시)'를 사용하면 됩니다. 먼저 사용방법을 알아보고 예시를 살펴보겠습니다.

단위 환산, 환전 연산자 사용법 3가지

①【환산(환전) 대상 = ?환산 단위】
②【환산(환전) 대상 to 환산 단위】
③【환산(환전) 대상 / 환산 단위】
　 예【1500원 = ?달러】또는【24평/제곱미터】또는【100m to 마일】

스케줄 등 간편 확인

구글 검색창을 통하면 영화 시간표나 항공기 스케줄을 간편하게 확인할 수 있습니다. 굳이 영화사 사이트나 항공사 사이트를 들어갈 필요 없이 구글에서 곧바로 확인할 수 있습니다. 특별한 연산자도 필요하지 않아 편리한 기능입니다. 그럼 검색 사용법을 먼저 알아보겠습니다.

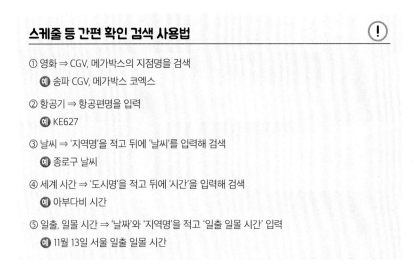

위의 스케줄 등 간편 확인에 대한 실제 적용 모습은 두 가지만 소개하겠습니다. 위의 5가지 전부 비슷한 형태로 결과물이 나타나기 때문입니다. 두 가지의 예를 확인하고, 나머지는 독자 여러분들이 직접 해보기를 권합니다. 그럼 영화에 대한 스케줄과 항공편명에 대한 스케줄을 검색해 보도록 하겠습니다.

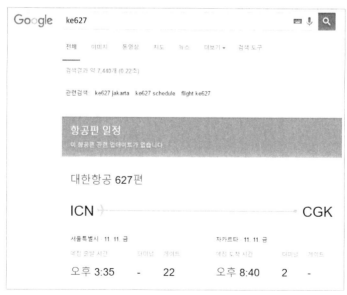

스마트폰 찾기

안드로이드 운영체제를 기반으로 만들어진 스마트폰은 구글 검색엔진을 통해
위치추적이 가능합니다. 안드로이드 프로그램을 운영하는 곳이 구글이기 때
문입니다. 안드로이드 운영체제의 스마트폰을 사용하기 위해선 구글 계정을
입력해야 합니다. 안드로이드 스마트폰을 사용 중인 분들은 휴대폰 개통 시에
구글 계정을 입력했을 것입니다. 스마트폰 설정에 들어가면 스마트폰에 입력
된 구글 계정을 알 수 있습니다. 이 계정에 대한 아이디와 비밀번호를 통해 구
글에 로그인하면 해당 휴대폰의 위치를 알 수 있습니다.

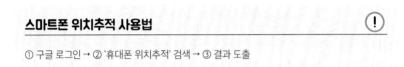

스마트폰 위치추적 사용법   (!)

① 구글 로그인 → ② '휴대폰 위치추적' 검색 → ③ 결과 도출

① 구글 로그인

▶ 구글 화면 우측 상단에 『로그인』
버튼을 클릭해서 로그인 화면으
로 들어갑니다.

▶ 스마트폰에 저장된 구글 계정과
같은 아이디로 로그인

② 구글 검색창에 '휴대폰 위치추적' 입력

스마트폰 위치추적이 완료된 모습입니다. 차이는 어느 정도 있지만, 거의 휴대폰이 있는 부근까지 찾아냅니다. 게다가 위의 이미지에서 보다시피 벨소리 울리기 기능도 가능합니다. '벨소리 울리기' 버튼을 누르면 실제 휴대폰의 벨소리가 울립니다. 휴대폰이 진동모드나 무음모드로 설정되어 있어도 벨이 울리게 됩니다. 다만, 휴대폰에서 GPS연결이 끊어져 있으면 위치를 찾을 수 없습니다. 또한, 휴대폰이 꺼진 상태라면 어떤 기능도 작동하지 않습니다.

의미 검색

검색을 하는 이유 중에 둘째가라면 서러울 정도로 많은 비중을 차지하는 것이 모르는 단어의 의미를 검색하는 것입니다. 구글은 사전적 의미나 정의를 쉽게 제공합니다. 찾고자 하는 단어의 뒤에 '뜻'이나 '의미'만 붙이면 의미 검색 완성입니다.

위는 네트워크에 대한 의미를 알아본 결과입니다. 번거롭게 사전 사이트나 페이지를 방문할 필요 없이 단어 뒤에 '뜻'을 붙여 바로 의미를 도출해 내는 결과를 볼 수 있습니다.

기타 정리

구글로 검색하는 데 있어, 알아두면 유용한 것들을 정리해 보았습니다. 이번에는 앞서 정리한 것들을 섞어서 함께 사용해 보거나 궁금증을 정리해 보겠습니다.

① 연산자 여러 개 동시 사용

앞서 설명한 연산자 여러 개를 한 번에 같이 사용할 수 있습니다. 즉, 연산자에 대한 적응력과 사용 능력이 높아질수록 검색을 더욱 세세하게 할 수 있고, 필요한 정보만 결과에 도출되도록 하는 검색이 가능하게 됩니다. 예시를 살펴보겠습니다.

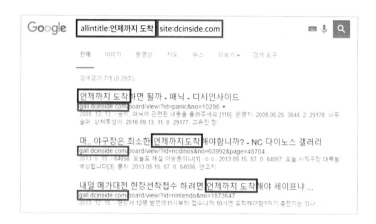

allintitle(올인타이틀) 연산자와 site(사이트) 연산자를 함께 사용한 모습입니다. 위의 것을 해석하자면, 디시인사이드 사이트에 있는 자료 중 제목에 '언제까지 도착'을 포함하는 자료를 찾아내라는 연산자입니다. 연산자 2개가 제대로 적용되어 있는 것을 확인할 수 있습니다. 그럼 더 많은 연산자도 동시에 가능할까요. 한번 살펴보겠습니다.

3개의 연산자를 사용한 결과입니다. 해석하자면, edu 도메인 중 제목에 '시간표'가 포함된 한글 파일을 찾으라는 것입니다. 큰따옴표 같은 연산자를 추가로 활용하면 더 많은 연산자를 한 번에 사용해 원하는 정보를 빠르게 찾아낼 수 있을 것입니다.

② 연산자 쉽게 사용하기(고급검색 창 활용)

다양한 연산자를 소개하였지만, 연산자는 계속해서 사용하지 않으면 까먹게 됩니다. 잊어버린 상태에서 연산자를 사용하기 위해 연산자 사용법을 다시 공부하는 것은 시간적인 측면에서 낭비입니다. 이런 점을 보완해 주는 것이 구글에서 제공하는 〈고급검색 서비스〉입니다. 검색어나 조건만 넣으면 연산자를 자동으로 적용시켜 주는 서비스입니다.

그럼 고급검색으로 들어가는 방법을 먼저 알아보겠습니다. 고급검색으로 들어가는 방법은 여러 가지가 있는데, 첫 번째로 '설정' 버튼을 통해 들어가는 것입니다.

구글 첫 화면 하단에 보면 '설정' 버튼이 있습니다. 설정 버튼을 누르면 '고급검색'이 포함된 창이 나타나는데, 그것을 클릭해 들어가는 것이 첫 번째입니다. 두 번째는 검색창에 '구글 고급검색'을 입력하는 것입니다.

그럼 여기서 <고급검색 페이지>의 구성을 보겠습니다. 아래가 구글에서 제공하는 <고급검색 페이지>입니다. 좌측에는 검색창에 대한 조건을 설명하고 있습니다. 설명에 따라서 입력하면 자동으로 연산자가 적용됩니다.

① 【 연산자: and 】기본 검색창

② 【 연산자: " "(큰따옴표) 】정확한 단어나 문장을 찾을 때

③ 【 연산자: or 】둘 이상 중 하나만이라도 포함된 자료를 찾을 때

④ 【 연산자: -(빼기) 】제외하고자 하는 자료가 있을 때

⑤ 【 연산자: ..(마침표 2개) 】기간이나 숫자의 범위를 지정할 때

⑥ 【 연산자: site 】사이트를 지정할 때

그 외: 옆의 ▼ 화살표를 눌러 목록에서 선택

그럼 실제로 고급검색 페이지를 활용해 검색을 해보겠습니다. 최근 1달 이내 반드시 송파구에 위치한 맛집 중 고기 이외의 메뉴를 파는 곳을 소개한 페이스북 게시물을 찾아보겠습니다. 고급검색 페이지에서는 연산자를 직접 적을 필요 없이 그냥 단어나 문장들만 쓰면 됩니다. 아래 이미지를 보겠습니다.

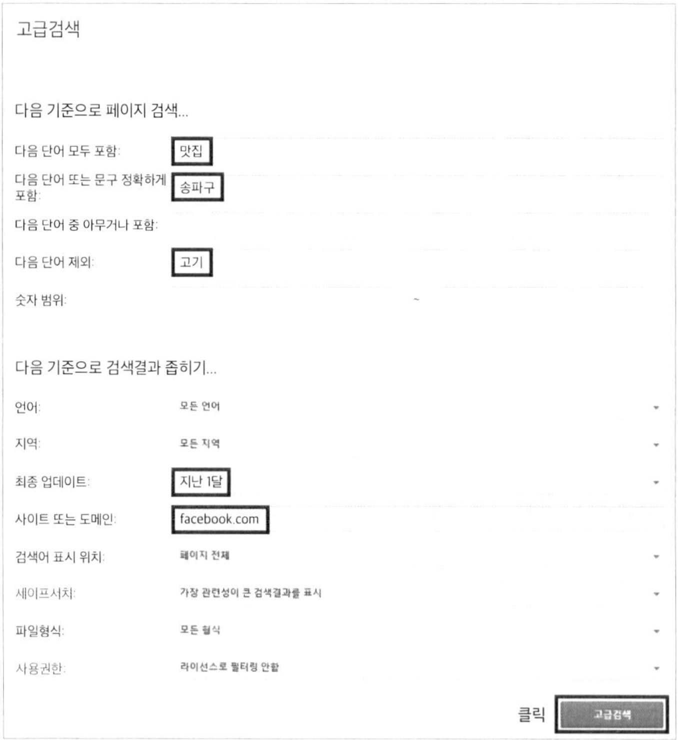

앞의 이미지처럼 따로 연산자를 사용할 필요 없이 조건에 맞는 단어나 문구만 적으면 됩니다. 저렇게 조건을 전부 정한 뒤, 맨 아래 고급검색 버튼을 누르면 결과가 나오게 됩니다. 한번 확인해 보겠습니다.

결과입니다. 자동으로 사용된 연산자를 확인할 수 있습니다. 이렇게 고급검색 페이지를 활용하면 여러 개의 연산자를 사용할 때 편리하게 검색 조건을 설정할 수 있는 이점이 있습니다. 또한, 오랜만에 연산자를 사용하는 경우 사용법을 까먹었더라도 쉽게 연산자를 사용할 수 있어 활용도가 높습니다.

고급검색 페이지 검색어 입력 방법

고급검색 페이지에서는 앞서 설명한 것처럼 연산자를 사용함 없이 단어나 문구만 적으면 됩니다. 앞에서 제외할 검색어로 '고기'를 지정했었는데, 제외 하고 싶은 단어를 추가로 넣고 싶으면 **한 칸 띄우고 단어를 입력**하면 됩니다. 예를 들어 추가로 '구청'을 검색 결과에서 제거하고 싶다면, 고급검색 페이지에서 [다음 단어 제외] 칸의 고기 뒤에 한 칸을 띄우고 '구청'을 입력하면 됩니다. 다른 부분도 마찬가지입니다. 한 칸 띄우고 문구나 단어를 적으면 됩니다.

다음 단어 제외: 고기 √(띄우기)구청

그럼 마지막으로 고급검색 페이지를 들어가는 방법을 살펴보겠습니다. 마지막으로 고급검색 페이지를 들어가는 방법은 검색하던 도중에 연산자를 사용하거나 추가하고자 할 때 그동안 검색한 조건을 유지한 채 들어가는 방법입니다.

검색을 하고 결과가 나온 화면에서 우측 상단을 보면 『설정』 아이콘이 있습니다. 『설정』 아이콘을 클릭하면 다음과 같이 목록이 나타납니다.

검색환경설정
언어(Languages)
세이프서치사용설정
고급검색
기록
검색도움말

이것이 목록입니다. 중간쯤을 보면 『고급검색』 아이콘이 있습니다. 『고급검색』 아이콘을 클릭하면 고급검색 페이지로 넘어가는데, 이때 고급검색 페이지에는 기존에 검색창에서 입력한 검색어나 연산자, 조건이 그대로 적용되어 있습니다.

이것이 앞서 그냥 고급검색 페이지로 들어가는 것과의 차이점입니다. 즉, 검색 도중에 현재까지의 검색 조건을 유지한 상태에서 새로운 연산자를 적용하고 싶을 때 사용하면 유용합니다. 실제로 해보겠습니다.

페이스북에서 삼겹살 김치볶음의 결과물 중 두부를 제외한 결과물을 찾는 것까지 조건을 걸어 결과를 도출했는데, 이 조건을 그대로 사용하면서 다른 연산자를 추가적으로 사용하고자 할 때, 앞서 설명한『설정』아이콘을 이용해 고급검색 페이지로 들어가면 됩니다. 그럼 모든 칸이 비어있는 고급검색 페이지가 아닌 현재까지 설정해 놓은 조건이 칸에 적용되어 있는 고급검색 페이지를 볼 수 있습니다. 다음 이미지로 확인해 보겠습니다.

이렇게 이미 실행한 조건에 맞춰 칸이 채워진 고급검색 페이지가 열리게 됩니다. 이 상태에서 원하는 연산자나 조건을 추가해서 고급검색 버튼을 누르면 연산자를 보충할 수 있습니다.

지금까지 구글 검색법에 대해 알아보았습니다. 앞에서 살펴본 기능들은 사용하는 사람이 얼마나 잘 활용하느냐에 따라 효율성에 큰 차이가 납니다. 많은 기능을 사용한다는 마음보다는 몇 개라도 능숙하게 사용하겠다는 마음으로 접근하면 나중에는 여러 기능을 능숙하게 활용할 수 있을 것입니다.

크롬
(Chrome)

크롬은 구글에서 운영하는 웹 브라우저입니다. 웹 브라우저는 쉽게 말해 인터넷 세상에 들어가는 데 필요한 프로그램으로 이해하면 됩니다. 대표적인 것이 마이크로소프트사의 인터넷 익스플로러(◌)입니다.

크롬이 나오기 전에는 인터넷 익스플로러(Internet Explorer, 줄여서 IE)가 웹 브라우저 시장의 절대 강자였습니다. 물론 지금도 우리나라에서는 웹 브라우저로 인터넷 익스플로러를 사용하는 사람들이 많습니다. 하지만 최근 구글의 크롬이 점유율을 높여가고 있습니다. 다양한 이유가 있겠지만 그중 하나는 여러 기능들을 제공해 사용자들이 검색을 더욱 효율적으로 할 수 있는 환경을 제공하기 때문입니다. 그렇다면 어떤 기능이 있어 최근 사람들이 크롬을 더 많이 사용하는 것일까요. 지금부터 크롬의 다양한 기능을 소개하겠습니다.

1. 고유 기능

북마크 관리

첫 번째로 소개할 내용은 크롬의 북마크 관리에 대한 부분입니다. 북마크는 자주 방문하거나 체크해 놓고자 하는 사이트의 주소를 목록 형태로 저장하는 기능을 말합니다. 책갈피와 같다고 보면 되고, 인터넷 익스플로러에서는 '즐겨찾기'라고 불립니다. 즐겨 찾는 주소를 저장해 놓았다가 클릭 한 번으로 해당 사이트를 다시 방문할 수 있도록 하는 것입니다.

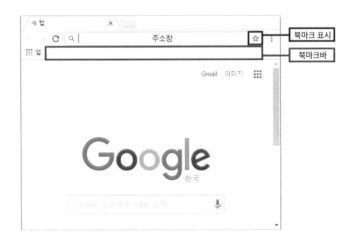

위의 이미지는 처음 크롬을 방문하면 볼 수 있는 화면입니다. 크롬은 구글에서 운영하기 때문에, 첫 페이지 화면이 구글로 지정되어 있습니다. 주소창 옆에 별 모양을 볼 수 있는데, 별 모양이 바로 북마크를 지정하는 아이콘입니다. 저장하고 싶은 사이트가 있으면 별 모양 아이콘을 눌러 북마크를 지정하는 것입니다.

별 모양 아이콘을 마우스로 클릭해 북마크를 체크하면 별에 색이 채워집니다. 2017년 1월 기준으로는 파란색 별이 됩니다. 따라서 해당 사이트가 북마크가 되어 있는지를 확인하는 방법은 색이 있는 별인지 아닌지를 통해 가능합니다. 또한, 북마크를 지정하면 주소창 아래에 있는 '북마크바'에 북마크 된 주소에 대한 아이콘이 생성됩니다.

북마크를 해제하는 방법도 지정할 때와 마찬가지로 별 모양 아이콘을 클릭하면 됩니다. 파란별로 되어 있는 별 모양 아이콘을 누르면 삭제할 수 있는 목록이 나타나는데, 거기서 삭제하면 북마크가 해제됩니다. 자세한 것은 다음에 나오는 이미지를 보면서 설명하도록 하겠습니다. 그럼 크롬의 북마크 기능을 알아보겠습니다.

① 북마크 설정하기

위 이미지는 구글 사이트를 북마크 하기 위해 별 모양 아이콘을 누른 경우입니다. 북마크의 ① 이름 ② 폴더를 설정한 뒤 ③ 완료 버튼을 누르면 ④ 북마크바에 해당 사이트가 저장됩니다. 북마크바에는 폴더를 생성해 같은 분류의 사이트를 한데 모아 관리할 수도 있습니다. 북마크바에 폴더 만드는 법을 살펴보겠습니다.

위 이미지는 마우스를 북마크바에 가져간 뒤, 우클릭(마우스 우측버튼 클릭)을 한 모습입니다. 우클릭을 하면 이미지에서처럼 북마크 관리 등에 대한 창이 뜹니다. 거기서 폴더 추가를 클릭하면 폴더를 만드는 창이 생성됩니다. 아래의 이미지가 그것입니다. 이미지에서 폴더의 이름을 지정하고 저장 버튼을 누르면 폴더가 생기게 됩니다.

▶ 최초 설정에는 북마크바와 기타 북마크 두 개가 설정되어 있습니다. 북마크바 폴더에 북마크를 추가하면 북마크바 부분에 바로 목록이 나타납니다.

예시로 이름을 『커뮤니티』로 지정한 폴더를 생성해 보겠습니다.

다음 이미지를 보면 『커뮤니티』라는 폴더가 생성된 화면을 볼 수 있습니다.

이렇게 폴더를 추가하면, 별 모양 아이콘을 눌렀을 때 나타나는 창에 추가된 폴더가 목록에 나타납니다.

② 북마크 내보내기 & 가져오기

자주 들어가는 사이트를 북마크하다 보면 어느샌가 자신이 엄청나게 많은 북마크를 지정한 것을 느낄 때가 있습니다. 이 경우, 컴퓨터를 교체하거나 다른 컴퓨터에서 일을 처리하려면 막막하고 답답한 경우를 맞닥뜨릴 수 있습니다. 컴퓨터 교체나 그 어떤 컴퓨터에서도 내가 해오던 인터넷 환경을 조성할 수 있는 기능이 크롬의 '북마크 내보내기 & 가져오기'입니다. 내가 설정해 놓은 북마크를 그대로 새로운 컴퓨터 크롬에 옮길 수 있는 기능입니다.

다음 이미지를 보면, 여러 북마크가 있습니다. 이것도 상당히 적은 수의 북마크이고, 실제로 북마크를 많이 사용하는 사람들은 폴더 안에 하위 폴더를 만들면서 세부적으로 나눠 관리를 합니다. 적게는 10개 정도에서 많게는 수백 개까지 지정합니다.

이처럼 많은 북마크를 사용하는 사람이 만일 컴퓨터를 교체하게 된다면, 해당 북마크를 전부 다시 설정해야만 하는 경우가 발생하게 됩니다. 마치 휴대폰을 교체했을 때, 저장된 전화번호를 하나하나 새로운 휴대폰으로 옮기는 작업과 마찬가지일 것입니다. 지금부터 소개될 크롬의 '북마크 내보내기 & 가져오기'를 통해 간편하게 한 번에 북마크를 옮겨보도록 하겠습니다.

크롬의 북마크를 옮기는 방법은 두 가지가 있습니다. 첫 번째는 크롬에 로그인하는 방법이고, 두 번째는 '북마크 내보내기'를 통해 파일 형태로 북마크를 저장한 뒤, '북마크 가져오기'를 통해 크롬에 적용시키는 것입니다.

크롬 로그인을 통한 북마크 가져오기는 크롬에 로그인만 하면 자동으로 실행되는 것이기 때문에, 설명은 간단하게 하겠습니다. 크롬 로그인을 통한 북마크 가져오기는 일단 사용자가 크롬을 사용할 때 로그인을 한 상태에서 이용한다는 것을 전제해야 합니다. 크롬은 로그인을 하지 않아도 사용하는 데 전혀 불편이 없습니다. 단, 로그인을 하면 그 사람의 인터넷 환경을 기억하게 할수 있습니다. 따라서 로그인한 상태에서 북마크를 저장하면, 전부 기억되고, 이후 어떤 컴퓨터에서든 크롬에 로그인하면 이전에 로그인 상태에서 저장했던 북마크를 불러올 수 있는 것입니다.

로그인하려면 이메일 주소와 비밀번호만 알고 있으면 됩니다. 만약 이메일이 없다면 이메일을 만들어야 합니다.

로그인을 하려면 첫 번째로 주소창 위에 있는 아이콘을 클릭해야 합니다. 위의 이미지에서 『사용자 이름 1』이라고 되어 있는 부분을 클릭하면 이메일 주소와 비밀번호를 입력할 수 있는 창이 생성됩니다.

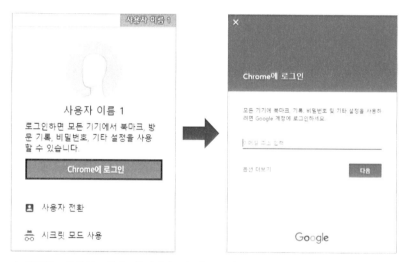

▲ 이것이 크롬에 로그인하는 창입니다. 크롬에 로그인 버튼을 누르면 이메일 주소와 비밀번호를 입력하라는 페이지가 나타납니다.

모든 과정을 마치게 되면 로그인을 하게 됩니다.

위의 이미지는 크롬 로그인을 하기 전의 모습입니다. 로그인을 해보겠습니다.

북마크바에 설정해 놓았던 북마크들이 생겨난 것을 확인할 수 있습니다. 이렇게 로그인을 통해서 북마크를 가져오는 방법을 살펴보았습니다. 이번에는 로그인 없이도 북마크를 가져오는 방법을 알아보겠습니다.

로그인 없이도 북마크를 가져오는 방법은 크롬의 북마크 관리자를 통해 가능합니다. 북마크 관리자 기능은 북마크에 대한 총체적인 관리를 하는 곳입니다. 먼저 북마크 관리자 기능을 찾아 들어가 보겠습니다.

별 모양 아이콘 옆에 ⋮ 표시를 클릭하면 다음과 같은 창이 나타납니다.

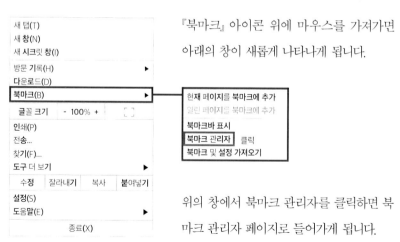

『북마크』 아이콘 위에 마우스를 가져가면 아래의 창이 새롭게 나타나게 됩니다.

위의 창에서 북마크 관리자를 클릭하면 북마크 관리자 페이지로 들어가게 됩니다.

위의 이미지가 <북마크 관리자 페이지>입니다. 북마크에 대한 전반적인 설정을 할 수 있는 곳입니다. 좌측에는 폴더가 있고, 우측에는 그 폴더에 저장된 사이트 주소 목록이 있습니다. 좌측에서는 폴더 추가나 삭제를 할 수 있고, 우측에서는 각각의 목록에 대한 작업을 할 수 있습니다. 우측 위에『정리 ▼』버튼을 누르면 아래와 같은 창이 생성됩니다.

추가, 삭제, 수정 등 다양한 작업이 가능한데, 우리가 이번에 주목할 부분은 바로 맨아래 'HTML 파일로 북마크 내보내기와 가져오기'입니다.

이 버튼이 바로 로그인을 하지 않은 상태에서도 지금까지 저장한 북마크를 내보내고, 또 가져올 수 있는 기능입니다. 먼저 'HTML 파일로 북마크 내보내기' 기능을 실행해보겠습니다.

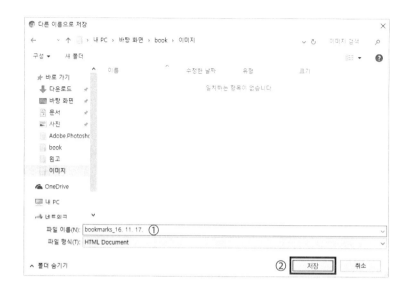

『북마크 내보내기』를 클릭하면 위의 이미지처럼 파일을 저장할 수 있는 창이 생성됩니다. 본인이 원하는 ① 파일 이름을 지정하고 저장을 원하는 폴더나 장소를 정한 뒤, ② 저장 버튼을 누르면 파일이 저장됩니다. 일반적인 파일 저장 방식(파일 이름을 정하고 저장할 곳을 정한 뒤 저장하는 방식)과 같습니다. 예시로 '커뮤니티'라는 이름으로 파일을 만들어 저장해 보겠습니다. 그럼 아래와 같은 파일이 생성됩니다.

이 파일이 바로 북마크가 저장된 파일입니다. 이 파일을 새로운 컴퓨터에서 크롬을 실행해 가져오기를 하면 북마크바에 그대로 적용되게 됩니다. 아래는 처음 크롬에 들어갔을 때 모습입니다.

처음 들어가면 북마크바에는 북마크가 없이 글자만 적혀 있는데, 글자에서 보면 '지금 북마크 가져오기'가 있습니다. 그곳을 클릭해서도 북마크 파일을 불러올 수 있는데, 일단은 북마크 관리자 페이지를 통해 북마크를 가져오는 방법을 살펴보겠습니다. 앞의 북마크 관리자 부분을 참고하면서 설명을 따라와 주세요. 북마크 관리자 페이지에 들어가서 『정리 ▼』 버튼을 눌러 창을 만든 뒤, 『HTML 파일에서 북마크 가져오기』 버튼을 누르면 파일을 불러올 수 있는 창이 생성됩니다. 거기서 해당 북마크 파일을 불러오면 바로 적용이 됩니다.

그럼 이번에는 앞에서 크롬에 처음 들어갔을 때, 북마크바에 있는 글자 <지금 북마크 가져오기> 버튼을 통해 북마크를 가져오는 방법을 보겠습니다.

위의 '지금 북마크 가져오기' 글자를 클릭하면 아래와 같은 창이 생기게 됩니다 (옆의 ▼를 누르면 목록이 뜹니다).

제일 마지막에 ① HTML 파일 북마크하기 버튼을 누르면 파일을 가져올 수 있는 창이 열리고, 거기서 파일을 가져오면 북마크가 생성됩니다.

그럼 위의 ②, ③번은 어떤 북마크를 가져오는 것일까요? 앞에서도 설명했듯이 크롬이 점유율을 높이기 전까지 웹 브라우저의 절대 강자였으며 지금도 여전히 많이 사용되는 것이 IE(인터넷 익스플로러)입니다. ②번은 같은 컴퓨터 안에 있는 IE의 즐겨찾기(북마크)를 가져오는 것입니다.

가끔 크롬을 사용해 보고 싶다가도 이미 사용 중이던 IE에 즐겨찾기를 폴더별, 그룹별로 체계화시켜 놓아 그 전부를 크롬에서 처음부터 새롭게 조성하기가 겁나 크롬을 이용하지 않는다는 분들이 있습니다. 이런 경우 위의 방법을 사용하면 번잡함 없이 바로 IE의 즐겨찾기를 크롬으로 옮길 수 있습니다.

③번은 마이크로소프트사의 새로운 웹 브라우저 '엣지(Edge)'에 저장된 즐겨찾기를 가져오는 것을 말합니다. 엣지는 마이크로소프트사에서 개발한 차세대 웹 브라우저입니다. 윈도우10부터 서비스를 제공했는데, 최근에는 엣지를 사용하는 이용자가 늘고 있습니다.

이렇듯, 크롬은 북마크를 손쉽게 이동할 수 있는 서비스를 제공합니다. 북마크를 파일로 가지고 있으면, 어떤 컴퓨터에서도 내가 주로 사용하는 컴퓨터의 인터넷 환경을 불러올 수 있습니다.

단축키

크롬, IE(인터넷 익스플로러), 파이어폭스 등 웹 브라우저들은 인터넷 검색이나 사용이 쉽도록 단축키를 제공합니다. 이번에는 크롬에서 제공 중인 단축키를 정리하겠습니다. 일부 단축키는 다른 웹 브라우저에서도 공통으로 적용되기도 합니다.

① 시크릿 모드: [Ctrl + Shift + n]
시크릿 모드는 비공개로 인터넷을 탐색할 수 있는 기능을 말합니다. 시크릿 모드로 설정된 인터넷 창에서 검색이나 사이트를 방문하면 그 기록이 남지 않습니다. 시크릿 모드가 아닌 일반적인 인터넷 창에서는 내가 검색한 검색어나 방문한 사이트 기록 등이 자동으로 저장되어 사용 흔적이 남습니다.
설정을 통해 기록들을 삭제하거나, 기록을 안 남도록 할 수 있는데 번거로운 절차 대신 간편하게 사용할 수 있는 것이 시크릿 모드입니다.

위의 이미지가 시크릿 모드를 실행시킨 인터넷 창입니다. 바탕색이 흑백으로 바뀌어 시크릿 모드임을 나타냅니다.

② 실수로 닫은 탭 복구: [Ctrl + Shift + t]

인터넷을 사용하다 보면, 실수로 닫지 말아야 할 탭을 닫는 경우가 발생합니다. 어렵게 찾아서 들어간 사이트를 띄어 놓은 탭이었다면, 다시 찾아 들어가는 데 시간이 오래 걸릴 수 있습니다. 크롬은 이런 경우를 대비해 삭제된 탭을 복구시키는 기능을 제공합니다. [Ctrl + Shift + t]를 누르면 이전에 닫은 탭을 복구합니다.

참고

복구는 두 번, 세 번 이상 계속해서 사용이 가능합니다. 여러 개의 탭을 닫은 경우, Ctrl + Shift + t를 여러 번 누르면 순서대로 제일 최근에 닫은 탭부터 줄줄이 복구시키게 됩니다.

하지만 이 기능은 시크릿 모드 창에서는 작동되지 않습니다. 시크릿 모드에서는 흔적을 남기지 않기 때문에, 이전의 탭에 대한 기록도 남지 않습니다.

---

③ 탭 이동하기: [Ctrl + Tab], [Ctrl + Shift + Tab], [Ctrl + 1 ~ Ctrl + 9]

인터넷 사용을 하다 보면, 여러 개의 탭을 띄어 놓는 경우가 발생합니다. 많은 탭이 떨어져 있는데 마우스로 다른 탭을 선택하려고 하다 보면 실수로 탭을 닫는 경우도 발생합니다. 마우스가 아닌 키보드로 탭 이동을 할 수 있는 단축키는 3개가 있습니다. 순서대로 탭을 이동할지 순서 없이 바로 원하는 탭으로 이동할지에 따라 사용할 단축키가 다릅니다.

먼저 순서대로 탭을 이동하는 것을 알아보겠습니다. 단축키는 [Ctrl + Tab]과 [Ctrl + Shift + Tab]입니다.

[Ctrl + Tab]은 순서에 따라 오른쪽 방향으로 한 탭씩 이동합니다.

위의 이미지에서 [Ctrl + Tab]을 1번 누르면 ②번 탭으로 이동, 한 번 더 누르면 ③번 탭으로 한 탭씩 이동하게 됩니다. 반대로 왼쪽 방향으로 한 탭씩 이동하는 것은 [Ctrl + Shift + Tab]입니다. 위의 이미지에서 [Ctrl + Shift + Tab]을 누르면 ④번 탭으로 가고, 순서대로 ③ → ② → ①탭으로 이동합니다.

순차적이 아닌 곧바로 해당 탭으로 이동하는 단축키는 [Ctrl + 숫자]입니다. [Ctrl + 1]부터 [Ctrl + 8]까지 8개의 탭은 원하는 탭으로 바로 이동이 가능합니다. 탭의 숫자는 맨 좌측에 있는 것이 1번이고 우측으로 순서대로 2번, 3번, 4번이 됩니다. 위의 이미지에서 [Ctrl + 3]을 누르면 ③번 탭으로 이동됩니다. [Ctrl + 4]을 누르면 ④번 탭으로 이동하는 것입니다.

[Ctrl + 숫자] 단축키는 8개까지만 가능합니다. [Ctrl + 9]는 9번째 탭으로 이동하는 것이 아니라, 제일 마지막 탭으로 이동합니다. 탭이 10개 넘게 있는 경우, 8번째 이후의 탭은 마우스로 이동하거나 순차적으로 이동하는 단축키를 이용해야 합니다.

또한, [Ctrl + 0]은 화면 크기를 원상태인 100% 돌리는 단축키입니다. 화면 크기를 조절해 사용하다가 원상태로 돌리고자 할 때 사용합니다.

④ 이전, 다음 페이지로 가기: [Alt + 왼쪽 화살표], [Alt + 오른쪽 화살표]

작업하고 있는 탭에서 흔히 '뒤로', '앞으로'를 하는 단축키가 [Alt + 화살표]입니다. 이전 페이지로 가고 싶으면 [Alt + ←]를 누르면 되고, 다음 페이지로 가고 싶으면 [Alt + →]를 누르면 됩니다.

⑤ 페이지 내 검색: [Ctrl + F]

현재 보고 있는 페이지에서 검색어를 찾고자 할 때 사용할 수 있는 단축키는 [Ctrl + F]입니다. [Ctrl + F]를 누르면 화면 우측 상단에 검색어를 넣을 수 있는 작은 창이 생성됩니다. 그곳에 검색어를 넣으면 원하는 검색어가 있는 부분을 찾을 수 있게 됩니다.

⑥ 기타 단축키

작업	단축키
새 창 열기	Ctrl + n
새 탭 열기	Ctrl + t
현재 탭 닫기	Ctrl + w 또는 Ctrl + F4
열린 모든 탭과 브라우저 닫기	Ctrl + Shift + w
현재 창 닫기	Alt + F4
Chrome 종료	Ctrl + Shift + q
메뉴 열기	Alt+f 또는 F10
북마크바 표시/숨기기	Ctrl + Shift + b
북마크 관리자 열기	Ctrl + Shift + o
새 탭에서 방문기록 페이지 열기	Ctrl + h
새 탭에서 다운로드 페이지 열기	Ctrl + j
Chrome 작업 관리자 열기	Shift + Esc
검색 주소창	F6
인터넷 사용 기록 삭제 옵션 열기	Ctrl + Shift + Delete
새 탭에서 Chrome 도움말 센터 열기	F1
옵션을 열어 현재 페이지 인쇄	Ctrl + p
현재 페이지 새로고침	F5 또는 Ctrl + r
현재 웹페이지를 북마크로 저장	Ctrl + d
열린 모든 탭을 새 폴더에 북마크로 저장	Ctrl + Shift + d
웹페이지와 화면을 한 번에 아래로 스크롤	스페이스바
웹페이지와 화면을 한 번에 위로 스크롤	Shift + 스페이스바

검색엔진 설정

크롬은 기본적으로 구글을 기본 검색엔진으로 제공합니다. 하지만 설정을 통해 기본 검색엔진을 네이버나 다음 등 다른 검색엔진으로 바꿀 수 있습니다. 기본 검색엔진을 교체하면, 크롬의 주소창에 검색어를 입력했을 때 설정한 검색엔진으로 검색한 결과를 보여줍니다. 이미지를 보면서 설명하겠습니다.

이미지로 보다시피, 크롬의 주소창은 기본 검색엔진으로 지정된 곳의 검색창 역할을 합니다. 주소창 겸 검색창 역할을 동시에 하는 것입니다. 그럼 기본 검색엔진을 바꾼 후 다시 한 번 주소창을 통해 검색을 해보겠습니다.

기본 검색엔진을 바꾸기 위해서는 먼저 크롬의 설정 페이지로 들어가야 합니다. 주소창 옆에 있는 ┆ 버튼을 눌러 생성된 창에서 『설정』 버튼을 누릅니다.

위의 이미지가 크롬 설정 페이지입니다. 크롬의 설정 페이지 하단에 보면 검색엔진에 대해 작업할 수 있는 곳이 있습니다. 먼저 앞에 있는 것은 기본 검색엔진을 뜻합니다. 이미지에는 구글로 되어 있는 것을 볼 수 있습니다.

구글 옆의 ▼버튼을 누르면 왼쪽의 이미지처럼 목록이 나타나는데, 여기서 지정하는 것이 기본 검색엔진으로 설정됩니다. 그럼 네이버를 지정한 뒤, 크롬 주소창에 검색어를 넣어보겠습니다.

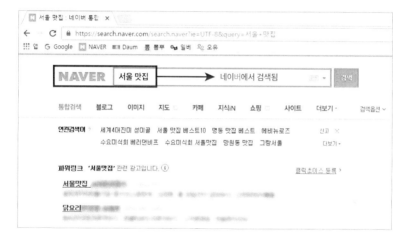

설정에서 다음(DAUM)을 기본 검색엔진으로 지정하면 마찬가지로 다음(DAUM)에서 검색됩니다. 기본 검색엔진 외에도 검색에 대한 설정을 할 수 있는 곳이 〈검색엔진 관리 페이지〉입니다. 검색엔진 관리 페이지는 앞에서 설명한 크롬 설정 페이지에서 기본 검색엔진을 바꿀 수 있는 아이콘 옆에 『검색엔진 관리』 아이콘을 클릭해 들어갑니다.

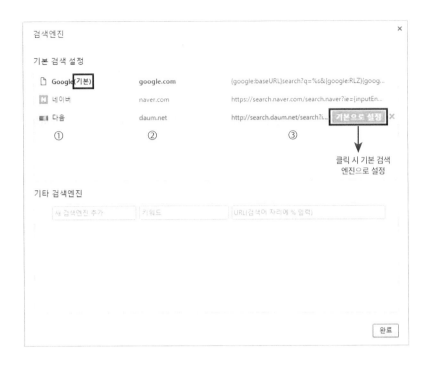

위의 이미지가 검색엔진 관리 페이지입니다. 먼저 구성을 살펴보겠습니다. 좌측부터 검색엔진의 ① 이름, ② 키워드, ③ 주소가 적혀 있습니다. 검색엔진 이름에 (기본)이라고 표시된 것이 현재의 기본 검색엔진입니다. 다른 검색엔진에 마우스를 가져가면 우측에 『기본으로 설정』 아이콘이 생기는데, 아이콘을 누르면 해당 검색엔진이 기본 검색엔진이 됩니다.

여기서 또 한 가지 중요한 기능이 있습니다. 바로 『키워드』인데, 이것은 Tab 버튼과 함께 쓰면 해당 검색엔진으로 곧바로 검색할 수 있습니다. 크롬 주소창에 【키워드 + Tab】을 누르면 주소창은 그 키워드에 해당하는 검색엔진의 검색창으로 변하게 되는 것입니다. 쉽게 예를 설명하기 위해 네이버와 다음의 키워드를 현재 naver.com과 daum.net에서 '네'와 '다'로 변경하겠습니다. 이것은 예를 쉽게 드는 것뿐만 아니라, 실제 검색에 있어서도 키워드를 줄여 놓으면 사용하기 편리합니다.

위의 이미지처럼 키워드를 '네'와 '다'로 바꾼 뒤, 크롬 주소창에서 네이버와 다음을 이용해 검색해 보겠습니다.

크롬 주소창에 네이버의 키워드인 '네'를 적고 이어서 키보드에서 『Tab 버튼』을 눌러주세요. 그럼 아래 이미지처럼 변하게 됩니다.

이 상태에서 뒤에 검색어를 입력하고 검색하면 네이버에서 검색한 결과 페이지가 나타납니다. 즉, 크롬의 주소창이 네이버 검색창으로 바뀐 것입니다.

다음도 마찬가지입니다. 크롬 주소창에 【다 + Tab 버튼】을 누르면 그 주소창은 다음의 검색창으로 변하는 것입니다. 굳이 네이버나 다음 사이트를 들어가지 않고도 곧바로 네이버나 다음, 그 이상의 검색엔진을 손쉽게 이용할 수 있는 것입니다.

네이버나 다음 외에 야후나 네이트 등 다른 검색엔진도 추가로 입력해 키워드와 Tab 버튼을 사용해 편리하게 크롬 주소창에서 사용할 수 있습니다.

그럼, 다른 검색엔진을 추가하는 방법을 살펴보겠습니다.

위의 기타 검색엔진 부분에 순서대로 적으면 검색엔진이 추가됩니다. 검색엔진 '네이트'를 추가해 보겠습니다. 왼쪽 칸부터 순서대로 이름과 키워드를 입력합니다. 이름 칸에는 '네이트', 키워드에는 간략하게 '트'를 입력하겠습니다. 그럼 나중에 추가가 다 되면 크롬 주소창에서【트 + Tab】을 누르면 바로 네이트 검색창으로 바뀌는 것을 볼 수 있습니다. 이름과 키워드를 입력한 다음에는 네이트의 검색 주소를 넣어야 합니다. 검색 주소를 넣는 법을 알아보겠습니다.

먼저, 네이트의 검색 주소를 알려면 네이트에 들어가서 아무것이나 검색을 해야 합니다. 네이트의 검색창에 '안녕'을 검색해 보겠습니다.

안녕을 검색했을 때, 주소창을 보면 맨 뒤에 검색어인 '안녕'이 있고, 그 앞에는 여러 가지 기호들이 있는 주소가 적혀 있습니다. 맨 뒤에 '안녕'을 제외하고 앞에 있는 주소가 바로 해당 검색엔진의 검색 주소입니다. 위의 주소창을 아래에 확대해서 보겠습니다.

검색 주소를 검색 주소 부분에 넣으면 되는데, 검색 주소를 넣고 마지막으로 검색어 부분에는 '%s'를 반드시 넣어줘야 합니다!

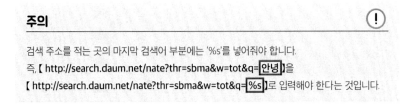

주의

검색 주소를 적는 곳의 마지막 검색어 부분에는 '%s'를 넣어줘야 합니다.
즉, 【 http://search.daum.net/nate?thr=sbma&w=tot&q=안녕 】을
【 http://search.daum.net/nate?thr=sbma&w=tot&q=%s 】로 입력해야 한다는 것입니다.

모든 과정을 다 입력하면 아래와 같이 검색엔진이 추가된 모습을 확인할 수 있습니다.

완료하고 크롬 주소창에서 【트 + Tab】을 누르면 네이트 검색이 되는 것을 확인할 수 있습니다. 이렇게 원하는 검색엔진이나 자주 사용하는 검색엔진을 추가

해 놓으면 간편하게 이용할 수 있습니다. 나중에 사용이 익숙해지면, 여러 커뮤니티의 검색창도 입력해 한 번에 커뮤니티에 방문하면서 검색까지 할 수 있는 환경을 조성할 수 있습니다.

참고로 필자가 설정해 놓은 키워드를 소개하겠습니다. 키워드와 Tab 버튼으로 간결한 검색이 가능합니다.

G 구글	구	https://www.google.com/?gfe_rd=cr&ei=j3asVpC3LOL98wf0pJ24AQ&gws_rd=cr&fg=1#newwindow=1&q=**%s**	
D 다음	다	http://search.daum.net/search?ie={inputEncoding}&q=**%s**	
N 네이버	네	https://search.naver.com/search.naver?ie={inputEncoding}&query=**%s**	
◆ 네이트	이	http://search.daum.net/nate?thr=sbma&w=tot&q=**%s**	
b BING	빙	https://www.bing.com/search?q=**%s**	
zum ZUM	줌	http://search.zum.com/search.zum?method=uni&option=accu&rd=1&qm=f_typing.top&query=**%s**	
Y! 야후	야	https://search.yahoo.com/search;_ylc=X3oDMTFiN25laTRvBF9TAzlwMjM1MzgwNzUEaXRjAzEEc2VjA3NyY2hfcWEEc2xrA3NyY2h3ZWI-?p=**%s**	
f 페이스북	페	https://www.facebook.com/search/top/?q=**%s**	
✈ 트위터	트	https://twitter.com/search?q=**%s**	
나무위키	나	https://namu.wiki/w/**%s**	
디시인사이드	디	http://search.dcinside.com/combine/q/**%s**	
오늘의유머	오	http://www.todayhumor.co.kr/board/list.php?kind=search&keyfield=subject&keyword=**%s**	
PP◎MPPU 뽐뿌	뿌	http://www.ppomppu.co.kr/search_bbs.php?search_type=sub_memo&keyword=**%s**	

앞의 표처럼 해놓으면 [디 + Tab]으로 디시인사이드 검색을 곧바로 할 수 있고, [페 + Tab]으로 페이스북 검색을 바로 할 수 있습니다.

손쉬운 번역 작업

자료를 찾다가 모르는 외국어가 나오면 많은 사람들이 활용하는 것이 '구글 번역기'라고 불리는 프로그램입니다. 구글에서 운영하는 번역 프로그램은 이미 전 세계적으로 제일 발전한 번역 프로그램으로 인정받고 있습니다. 구글도 번역 프로그램 발전에 많은 노력을 기울이고 있는데, 2016년 11월 구글코리아는 한국어, 영어, 일본어 등 8개의 언어에 대해 인공지능 기능을 결합한 구글 번역 프로그램의 업데이트를 발표했습니다. 이미 구글의 인공지능 바둑 프로그램 '알파고'와 우리나라 바둑 기사 이세돌 씨의 시합으로 구글의 인공지능 기술에 대해 기대감이 높아진 상태에서 알파고의 기술이 접합된 번역 프로그램의 등장은 사람들의 주목을 받았고, 실제 구글 번역 프로그램은 한층 업그레이드된 기능을 뽐내고 있습니다.

또한, 알파고와 같은 인공신경망 인공지능 기술로 인해 프로그램 스스로 나날이 발전하는 모습을 기대할 수 있습니다. 인공신경망 기술은 인간의 뇌신경 구조를 본떠 외부에서 주어지는 데이터를 통해 스스로 학습하고 새로운 정보를 얻는 기술입니다. 따라서 더 많은 사람이 더 많은 문장을 입력하고 사용할수록 프로그램이 자체적으로 학습하면서 번역 능력이 향상되는 것입니다. 이처럼 구글 번역 프로그램이 각광받고 있는데, 크롬은 구글에서 운영하기 때문에 구글 번역 프로그램 적용에 최적화된 웹 브라우저로 볼 수 있습니다. 크롬을 통해 인터넷을 사용하면 언제든지 간편하게 구글 번역 프로그램을 사용할 수 있는데, 지금부터 그 방법을 알아보겠습니다.

페이지를 번역하고자 할 때, 일반적으로는 검색엔진에 '구글 번역기'를 검색어로 넣거나 구글 번역기 아이콘()을 통해 구글 번역 페이지로 들어가 번역을 하고자 하는 문장을 넣고 프로그램을 돌리는 방법으로 번역을 할 수 있는데, 크롬에서는 간단히 마우스 우클릭(우측 버튼 누르기)으로 해결됩니다. 예시를 살펴보겠습니다.

Vague de froid : des mesures renforcées mais «insuffisantes» pour les sans-abri

Ouverture de gymnases, renforcement des maraudes...
Les associations qui viennent en aide aux sans-abri ont
salué lundi les initiatives prises par les pouvoirs publics tout en pointant le manque structurel de places d'hébergement à long terme.

(10+)   (9+)   Politique

Grand froid : Valérie Pécresse interpelle la SNCF et la RATP pour éviter la pagaille

INFO LE FIGARO - Dans un courrier envoyé ce lundi, la présidente de la région Île-de-France enjoint les opérateurs de transport de prendre «toutes les dispositions nécessaires pour anticiper ces températures exceptionnelles».

(70+)   (20+)   Entreprises

위의 이미지는 프랑스의 일간 신문 〈르 피가로〉 홈페이지의 기사 일부입니다. 모두 프랑스어로 되어 있는데, 페이지 아무 곳에서 마우스 우클릭을 하면 아래와 같은 창이 나타납니다.

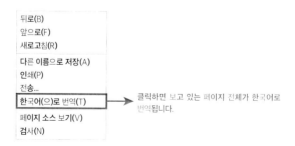

클릭하면 보고 있는 페이지 전체가 한국어로 번역됩니다.

메뉴 중간쯤에 '한국어(으)로 번역' 아이콘이 있습니다. 이것을 클릭하게 되면 해당 페이지에 있는 모든 외국어가 순식간에 한국어로 번역됩니다. 마치 한국어로 된 페이지를 방문하는 것 같습니다.

이것은 영어, 프랑스어, 일본어 등 구글 번역이 가능한 모든 언어에서 적용됩니다. 페이지에 있는 모든 글자 외에도 숨겨져 있는 댓글까지 번역됩니다.

그럼 번역된 모습을 살펴보겠습니다.

이미지처럼 번역된 페이지를 확인할 수 있습니다. 크롬을 통해 외국어가 들어있는 페이지를 방문하게 되면, 주소창 부분에 번역에 대한 안내가 자동으로 생성됩니다.

앞의 이미지처럼 주소창에 "이 페이지를 번역하시겠습니까?"라는 창이 생성됩니다. ①『번역』버튼을 클릭하면 페이지가 번역됩니다. 번역에서 다시 원본 페이지로 돌아가기 위해서는 번역 아이콘()을 다시 클릭해서 나타나는 창에서『원본 보기』버튼을 누르면 됩니다.

그럼 한글 외에 다른 언어로 번역하는 방법을 알아보겠습니다. 앞의 이미지에서 ②『옵션』버튼을 누르면 번역에 필요한 창이 새롭게 열립니다. 그곳에서는 세계 여러 나라의 언어로 번역을 할 수 있습니다. 다음 이미지를 보겠습니다.

위의 창이 여러 언어로 번역할 수 있는 창입니다. 번역 언어에 있는 ▼ 버튼을 누르면 번역할 수 있는 언어 목록이 나타납니다. 원하는 언어를 선택한 뒤 완료 버튼을 누르면 해당 언어로 번역됩니다.

그렇다면 해석이 불충분하거나 어색해서 차라리 원문으로 보고 싶을 때는 페이지 전체를 전부 원문으로 돌려야 할까요. 아닙니다. 번역이 실행된 페이지의 경우 마우스를 단어나 문구 위에 올리면 그 부분만 원문을 볼 수 있습니다.

유진 세르 탄 (Eugene Cernan), 마지막 인간, 달, 다이에 걸어라.
By ROBERT D. McFADDEN 오후 8:24 (동부 표준시)
격렬한 경쟁자인 Cernan 씨는 우주에 3번 발사하고 달에 두 번 갔으며 지구와 달에 우주항공기록을 산산조각 냈습니다. 그는 82세.

옆의 이미지는 뉴욕타임즈의 한 기사입니다. 번역이 어색한데, 이때는 어색한 부분에 마우스를 가져갑니다.

마우스를 가져가면 위의 이미지처럼 그 부분의 원본 텍스트를 볼 수 있습니다. 하단의 『번역 제안하기』는 틀린 부분을 올바르게 고친 문구를 제안할 수 있고, 이것은 구글 번역 프로그램에 데이터를 제공해 번역 프로그램이 성장하는 데 도움을 줄 수 있습니다.

2. 추가 기능

크롬은 기본적으로 북마크나 검색엔진에 대한 설정을 통해 검색이나 이용에 편리함을 주는 서비스를 제공하지만, 그에 못지않게 다양한 추가 기능도 제공해 다른 웹 브라우저들보다 좋은 검색 환경을 만들 수 있도록 노력하고 있습니다.

구글은 앞서 설명했듯 안드로이드, 즉 스마트폰과 그에 관련된 앱도 개발하는 회사입니다. 스마트폰 앱과 같은 응용 프로그램을 웹 브라우저 크롬에도 적용시켜 기능을 하도록 합니다. 크롬의 확장 프로그램, 앱이 그것인데 지금부터 알아보겠습니다.

크롬의 확장 프로그램과 앱은 프로그램입니다. 스마트폰의 앱처럼 해당 프로그램을 크롬에 설치하면 기능을 합니다. 페이지에 들어갔을 때 함께 나타나 정보 검색이나 글 읽는 것을 방해하는 광고들을 전부 차단시키거나, 마우스 움직임만으로 이전, 다음 페이지 이동 및 맨 위, 아래로 이동하기가 가능한 프로그램 등 자신에게 필요한 프로그램을 다운받아 사용하면 편리한 환경에서 인터넷 사용을 할 수 있습니다.

확장 프로그램이나 앱이 너무 많기 때문에, 비교적 많은 사람들이 사용하며 반응이 좋고, 검색에 있어 도움이 될 만한 확장 프로그램 위주로 소개하겠습니다.

그럼 이제 먼저 확장 프로그램들을 볼 수 있고, 다운받을 수 있는 페이지로
들어가 보겠습니다. 다른 것과 마찬가지로 확장 프로그램 페이지로 들어가는
방법은 여러 가지가 있겠지만, 필자는 2가지로 설명하겠습니다.

첫 번째는 구글에서 '크롬 확장 프로그램'을 검색하는 것입니다. 구글 검색창
에 '크롬 확장 프로그램'을 검색하면 제일 상위에 [크롬 웹 스토어 - 확장 프로
그램]이 노출됩니다. 크롬 확장 프로그램은 크롬 웹 스토어 안에 있는 하나의
카테고리입니다. 크롬 웹 스토어는 스마트폰으로 치자면, 안드로이드 폰에서
의 마켓(▽)과 같은 곳입니다.

두 번째는 크롬의 앱 아이콘을 통해 들어가는 방법입니다. 아래 이미지는 크
롬의 첫 화면입니다.

위의 화면에서 북마크바에 『앱』이라는 아이콘이 있습니다. 이것은 따로 북마크
를 추가한 것이 아니라, 크롬에서 기본적으로 제공되는 아이콘입니다. 아이콘

을 클릭하면 구글에서 제공하는 서비스들이 모여 있는 페이지로 들어가는데, 그곳에 있는『웹 스토어』아이콘을 클릭해 웹 스토어로 들어갈 수 있습니다.

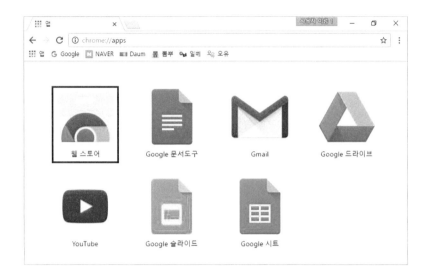

크롬의 〈웹 스토어〉 모습이 바로 다음 이미지입니다.

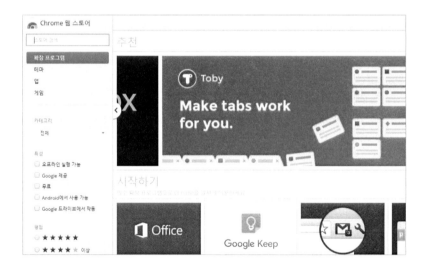

여러 가지 프로그램들이 모여 있으며, 유료인 것도 있고 무료인 것도 있습니다. 좌측에는 설정이나 카테고리를 지정할 수 있는 공간이 있고, 우측에는 프로그램들을 보여주고 있습니다. 찾고자 하는 프로그램은 좌측 상단의 검색창에 검색하면 됩니다. 그럼 지금부터 유용한 프로그램을 소개하겠습니다.

Pig toolbox(피그툴박스)

제일 먼저 소개할 확장 프로그램은 Pig toolbox(피그툴박스)입니다. 지금부터는 영어를 빼고 한글 '피그툴박스로 표현하겠습니다. 피그툴박스는 툴박스의 일종입니다. 도구 모음 상자로 보면 되는데, 활용도가 높은 도구들을 제공합니다. 먼저 피그툴박스를 설치해 보겠습니다.

아마, 웹 스토어 검색창을 통해 피그툴박스를 검색한 분들은 처음부터 난관에 봉착합니다. 피그툴박스를 영어로 검색하든, 한글로 검색하든 위의 프로그램이 검색 결과에 나오지 않기 때문입니다. 현재 피그툴박스는 업데이트 등의 이유로 파일명이 바뀌었거나, 다른 원인으로 인해 검색이 되지 않습니다. 프로그램이 없어진 것으로 오해할 수 있지만, 여전히 피그툴박스는 운영되고 있는데, 설치를 위해서는 직접 다운받을 수 있는 페이지 주소를 입력해 들어가야 합니다. 아래의 주소를 주소창에 입력해 들어가면 됩니다.

\<https://chrome.google.com/webstore/detail/pig-toolbox-super-gesture/oiplkfaidhjklglajdpfehoagkmlcakh\>

주소를 주소창에 넣으면 이미지처럼 피그툴박스를 다운받을 수 있는 창이 열리게 됩니다. 피그툴박스 외에 다른 확장 프로그램들을 다운받는 방식도 지금 설명하는 방법과 같습니다.

앞의 이미지처럼 프로그램에 대한 창이 나타나면 우측 상단 'Chrome에 추가' 버튼을 누르면 됩니다. 그럼 아래와 같은 창이 나타나고 확장 프로그램 추가를 클릭 해주면 설치가 시작됩니다.

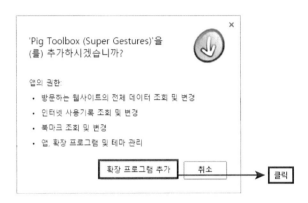

설치가 완료되고 나면, 주소창 옆에 해당 프로그램에 대한 아이콘이 생성됩니다. 이것은 다른 프로그램을 설치해도 마찬가지입니다. 여러 개의 확장 프로그램을 설치하면 그만큼 주소창 옆에 아이콘이 많아지게 됩니다.

이미지에서 보면 주소창 옆에 피그툴박스에 대한 아이콘(◎)을 볼 수 있습니다. 피그툴박스가 설치되어 있다는 의미를 나타내기도 합니다. 아이콘을 누르면 해당 프로그램에 대한 전반적인 설정을 할 수 있습니다. 그럼 설치에 대한 설명을 마치고 피그툴박스의 기능에 대해 설명하겠습니다.

① 마우스 제스처

피그툴박스는 마우스 제스처(움직임)만으로 페이지를 앞이나 뒤로 가게 하거나 맨 아래로 내리는 등의 기능을 제공합니다. 설정을 위해서는 먼저 주소창 옆의 피그툴박스 아이콘(◎)을 누릅니다. 그럼 아래처럼 창이 생성됩니다.

구글메일 확인하러 가기
마우스 제스처 사용하기(슈퍼 제스처)
현재 사이트, Web, Torrent, 음악 검색
스크린샷, 캡처 그리고 공유
클립보드 이미지를 바탕화면으로
짧은 URL 주소 만들기
로그인폼 자동 채우기
유튜브 도구
우클릭 막힘 풀기 작동
단어, 문장 번역창 열기
기타 유용한 도구들
현재 페이지의 도메인 정보
Pig Toolbox 옵션

보다시피 다양하고 많은 기능을 제공합니다. 여기서 정말 유용하게 활용될 수 있는 기능 3가지를 소개하겠습니다.

3가지 외에도 모든 기능을 습득하여 잘만 활용한다면 도움을 많이 받을 수 있습니다.

제일 먼저 소개할 것은 '마우스 제스처'입니다. 마우스 제스처는 마우스의 움직임만으로 여러 기능을 할 수 있도록 합니다. 마우스의 어떤 움직임이 어떤 기능을 하는지는 위의 창에서 (슈퍼 제스처) 부분을 클릭하면 알 수 있습니다. 슈퍼 제스처를 클릭하면 마우스 제스처에 대한 전반적인 설정을 할 수 있는 페이지가 나타납니다.

여기서 먼저 짚고 넘어갈 것이 마우스 제스처는 기본적으로 마우스 우클릭(마우스의 우측 버튼을 클릭하는 것)을 전제하고 있다는 것입니다. 즉, 마우스의 움직임에 대한 방향표시가 있고, 방향으로 마우스를 움직였을 때 작동되는 기능이 설명되어 있는데, 마우스를 그냥 움직이기만 하면 안 되고, 우클릭을 한 상태에서 해당 방향으로 마우스를 움직여야 한다는 것입니다.

위의 이미지는 피그툴박스 페이지 상단의 모습입니다. 상단에 마우스 제스처에 대한 설정이 나와 있습니다. 여기서도 한 가지 챙겨야 할 것은 바로 설정을 마친 다음 반드시 우측 상단에 있는 『저장하기』 버튼을 눌러야 한다는 것입니다. 저장하기 버튼을 누르지 않고 페이지를 나가면 저장되지 않습니다.

위 이미지에서 보면 마우스 제스처 사용하기가 빈칸으로 되어 있는데, 그것을 체크해야 마우스 제스처가 사용됩니다. 마우스 제스처 사용을 원치 않으면, 체크를 해제하여 다시 빈칸으로 만들면 됩니다.

왼쪽 하단 이미지는 마우스의 움직임을 나타내고, 우측은 해당 움직임이 무엇을 기능하는지를 설명한 것입니다.

또한, 우측의 빨간 X자를 누르면 그 기능은 삭제됩니다.

앞서 설명했듯, 제일 중요한 것은 방향에 따라 마우스를 움직일 때, 반드시 우클릭을 한 상태(마우스 우측 버튼을 누른 상태)에서 마우스를 움직여야 한다는 것입니다. 예를 들어, '페이지 뒤로 가기'를 하고 싶으면 마우스 우측 버튼을 누른 상태에서 마우스를 좌측으로 움직인 후 우클릭을 해제(마우스 우측 버튼 떼기)하면 됩니다.

기능을 작동하기 위해 방향이 2개 이상 있는 것이 있는데 이것은 우클릭한 상태로 좌측에 있는 방향부터 차례대로 마우스를 움직이면 됩니다. 예를 들어, '현재 탭 닫기'는 방향이 ⬇➡으로 되어 있는데 이것을 작동하려면 먼저 마우스 우클릭을 한 상태에서 마우스를 아래(⬇)로 이동시켰다가 우측(➡)으로 이동시키고 우클릭을 해제(마우스 우측 버튼 떼기)하면 됩니다.

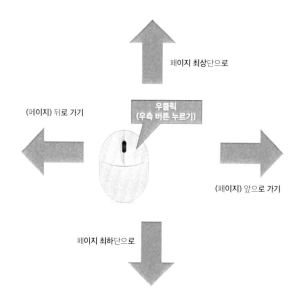

페이지 최상단으로

(페이지) 뒤로 가기

우클릭
(우측 버튼 누르기)

(페이지) 앞으로 가기

페이지 최하단으로

위의 이미지가 바로 ↓➡ 제스처(현재 탭 닫기)를 실행하는 모습입니다. 마우스 우클릭을 하면 빨간색으로 선이 나타납니다. 물론 이 선의 색과 굵기는 앞의 마우스 제스처 설정 페이지에서 다르게 바꿀 수 있습니다. ↓➡ 제스처를 실행하면 탭이 닫히게 됩니다.

또한, 이미 설정된 방향과 기능을 자신이 직접 원하는 방향과 기능으로 설정할 수 있습니다. 마우스 제스처 설정 페이지에서 조금만 내려가면 아래 이미지와 같은 곳을 볼 수 있습니다.

빈칸에 우클릭으로 마우스를 움직이면 마우스 움직임에 따라 자동으로 제스
처가 생기고, 움직임을 다하고 난 뒤 제스처 추가를 누르면 새로운 움직임에
대해 추가할 수 있습니다.

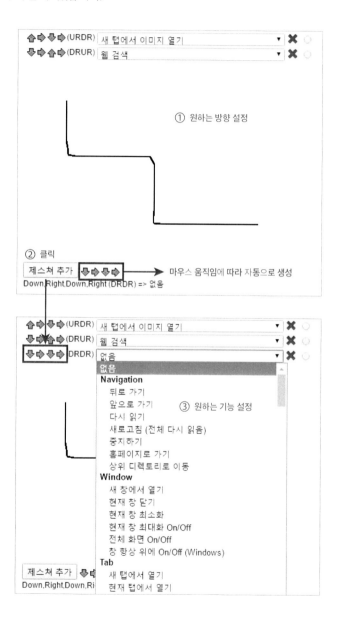

①, ②, ③의 과정을 완료하면 원하는 방향에 따른 마우스 제스처 기능이 가능합니다.

② 우클릭 막힘 풀기

예전에는 사이트 어느 곳에서든 원하는 이미지를 발견해 다운받고자 할 때, 마우스를 이미지 위에 가져가 우클릭을 하면 다운을 받을 수 있는 창이 생성되어 곧바로 다운을 받을 수 있었습니다.

하지만 저작권이나 초상권 보호에 대한 인식이 커지며 최근에는 블로그나 카페 등에서 쉽게 이미지를 다운받을 수 없도록 우클릭을 막고 있습니다. 따라서 지금은 포털 사이트를 이용하다가 이미지 다운을 위해 우클릭을 해도 아무런 변화가 없는 것을 볼 수 있습니다. 우클릭 기능을 차단한 것입니다.

피그툴박스는 이런 우클릭 막힘을 클릭 한 번으로 해제할 수 있습니다. 피그툴박스를 클릭해 아래의 창을 다시 생성합니다.

구글메일 확인하러 가기
마우스 제스처 사용하기(슈퍼 제스처)
현재 사이트, Web, Torrent, 음악 검색
스크린샷, 캡처 그리고 공유
클립보드 이미지를 바탕화면으로
짧은 URL 주소 만들기
로그인폼 자동 채우기
유튜브 도구
우클릭 막힘 풀기 작동
단어, 문장 번역창 열기
기타 유용한 도구들
현재 페이지의 도메인 정보
Pig Toolbox 옵션

중간쯤에 우클릭 막힘 풀기 작동 기능이 있습니다. 이것을 클릭하면 그때부터 막혔던 우클릭이 다시 기능하게 됩니다.

단! 우클릭을 막아 놓은 이유는 위에서 설명했듯, 저작권이나 초상권 침해를 막기 위해서입니다.

우클릭을 해제하면 곧바로 이미지를 다운받을 수 있는 편리함을 가지지만, 반대로 저작권이나 초상권을 침해할 소지가 높아집니다. 우클릭 막힘 해제를 사용 시 항상 저작권이나 초상권 등의 침해 여부를 꼼꼼히 따져봐야 합니다.

③ 짧은 URL 주소 만들기

마지막으로는 URL(Uniform Resource Locator) 주소를 짧게 만드는 것입니다. URL 주소는 인터넷상에 올려진 자료들의 주소를 의미하며, 쉽게 말해 사이트 주소를 말합니다. 웹 브라우저의 주소창에 나오는 문자들을 말하는 것입니다. 확인해 보면 금방 알 수 있듯이, URL은 대부분 긴 편입니다. 자료를 찾아 사이트를 돌아다니다가 원하는 자료가 있는 사이트를 발견해 이를 공유하거나 전파하고자 할 때 URL을 축소하여 활용하면 유용합니다.

구글메일 확인하러 가기
마우스 제스처 사용하기(슈퍼 제스처)
현재 사이트, Web, Torrent, 음악 검색
스크린샷, 캡처 그리고 공유
클립보드 이미지를 바탕화면으로
짧은 URL 주소 만들기
로그인폼 자동 채우기
유튜브 도구
우클릭 막힘 풀기 작동
단어, 문장 번역창 열기
기타 유용한 도구들
현재 페이지의 도메인 정보
Pig Toolbox 옵션

방법은 간단합니다. 원하는 사이트에서 피그툴박스 아이콘을 눌러 왼쪽의 창을 생성합니다. 중간쯤에 있는 '짧은 URL 주소 만들기' 버튼을 누르면 아래의 이미지처럼 목록이 활성화됩니다.

짧은 URL 바로 공유할 수 있는 아이콘

위의 공간에는 현재 방문해 있는 사이트의 주소가 자동으로 적혀 있는데, 아래 만들기 버튼을 클릭하면 짧은 주소가 만들어집니다. 그 아래에 있는 아이콘들을 누르면 짧아진 URL로 아이콘이 의미하는 곳에 공유할 수 있습니다.

AdBlock(애드블록)

이번에 소개할 확장 프로그램은 AdBlock(애드블록)입니다. 애드블록은 Advertisement(광고) + Block(차단)을 말합니다. 즉, 사이트에 방문했을 때 나오는 광고들을 차단하는 것입니다.

어떤 사이트나 페이지는 들어가면 10개가 넘는 광고들이 나타나 본문을 읽는 데 방해를 하고, 교묘하게 광고를 클릭하게끔 만들어 자신들이 광고하는 사이트로 유도합니다. 이렇게 광고에 방해를 받다 보면 굉장히 귀찮을 때가 많은데, 이것을 방지하는 것이 바로 애드블록입니다.

애드블록도 앞의 피그툴박스를 설치하는 것과 마찬가지로 설치하면 됩니다. 먼저 웹 스토어에서 'Adblock'을 검색합니다. 결과로 나온 애드블록을 눌러 설치하면 됩니다. 설치가 완료되면 아래와 같이 주소창 옆에 아이콘(⚫)이 생기는 것을 확인할 수 있습니다.

TIP ⚠

애드블록 설치를 완료하면 결제와 관련된 설명 페이지가 나옵니다. 애드블록은 현재 무료이고, 결제 관련 페이지는 자발적인 후원금을 요청하는 것입니다. 결제 페이지를 그냥 닫아도 애드블록은 정상 작동됩니다.

▶ 애드블록 사용 전

▶ 애드블록 사용 후

애드블록은 설정을 통해 원하는 페이지에서만 광고가 나타나도록 할 수도 있습니다. 애드블록의 기능을 알아보겠습니다. 주소창 옆의 애드블록 아이콘을 클릭하면 '애드블록 설정' 창이 생성됩니다. 설정 부분에서 필요한 것만 설명하고 나머지는 애드블록을 사용하면서 크게 활용이 되는 부분이 아니므로 생략하도록 하겠습니다. 그럼 다음 이미지를 보겠습니다.

차단된 광고들:
이 페이지에서 3 ➡ 현재 페이지에서 차단된 광고 수를 나타냅니다.
총 123 ➡ 현재까지 차단한 광고의 총계를 나타냅니다.

사용 중지 ➡ 애드블록의 사용을 중지합니다.
현재 페이지의 광고 숨기기 ➡ 현재 페이지의 광고를 숨깁니다.
현재 페이지 허용 ➡ 현재 페이지만 애드블록을 해제해 광고를 나타냅니다.
사이트 허용 ➡ 현재 사이트만 애드블록을 해제해 광고를 나타냅니다.

Show all requests
미차단 광고 보고

옵션
툴바 버튼 숨기기

Love AdBlock? Consider donating!

위의 이미지는 애드블록 설정 창입니다. 이미지를 기준으로 설명하겠습니다. 현재 페이지에서 애드블록으로 차단된 광고는 3개입니다. 만약 차단된 광고를 해제하고 싶다면 『현재 페이지 허용』을 클릭하면 됩니다. 클릭하면 곧바로 차단된 광고가 제대로 나오는 페이지를 확인할 수 있습니다.

또한, 애드블럭이 해제되면 주소창 옆의 애드블럭 아이콘도 ⬤으로 바뀌게 됩니다. 즉, 어떤 페이지에 들어갔는데 애드블럭의 아이콘이 ⬤라면 그 페이지는 애드블럭이 해제되어 있다는 것을 뜻합니다.
애드블럭은 광고가 적은 페이지에서는 효율성이 적을 수 있으나, 많은 광고가 뜨는 페이지에서는 효과를 톡톡히 볼 수 있습니다.

Lightshot(라이트샷)

라이트샷은 이른바 스크린샷(컴퓨터 모니터에 보이는 그대로를 담은 출력 그림)을 손쉽게 해주는 확장 프로그램입니다. 스크린샷은 흔히 캡처라고도 불립니다. 지금 보고 있는 페이지에서 이미지로 저장을 하고 싶은 것이 있을 경우, 라이트샷을 이용하면 간편하게 캡처를 할 뿐만 아니라, 다양한 기능까지 함께 사용할 수 있습니다. 정보를 검색하다가 메모장에 필요한 부분을 적는 것처럼 캡처를 해야 하는 상황에서 유용하게 사용될 수 있습니다.

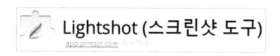

웹 스토어에 방문해 검색창에 'Lightshot'을 검색해 다운받습니다. 그럼 주소창 옆에 아이콘이 생겨납니다. 아이콘 클릭을 통해 라이트샷의 사용이 가능합니다. 그럼 사용법을 보겠습니다.

사용법은 아주 간단합니다. 보고 있는 페이지에서 캡처를 하고 싶은 곳이 있으면 주소창 옆의 라이트샷 아이콘을 클릭합니다.

그럼 현재 보고 있는 페이지와 똑같은데 배경이 회색인 탭이 생성됩니다. 이 회색 화면에서 마우스로 드래그(마우스 왼쪽 버튼을 누른 채 이동시키는 것)를 하면 드래그 된 부분이 흰색으로 표시되며, 그 부분을 캡처하거나 수정 등 작업할

수 있는 창이 생겨납니다.

위의 이미지에서처럼 배경만 회색으로 변한 똑같은 화면의 탭이 새로 생깁니
다. 이후 마우스로 캡처를 원하는 부분을 드래그하면 드래그한 부분만 흰색
으로 표시되며 작업창이 열리게 됩니다.

작업창의 우측은 펜과 글쓰기 기능이 있습니다. 사진을 편집하거나 수정하는
기능을 제공하는 것입니다. 아래쪽에는 공유나 저장, 인쇄를 위한 기능이 자
리 잡고 있습니다. 즉, 위의 창에서 사진 작업을 한 뒤 바로 저장, 인쇄, SNS에
공유하기를 한 번에 할 수 있습니다.

IE Tab(인터넷 익스플로러 탭)

마지막으로 설명할 확장 프로그램은 IE Tab(인터넷 익스플로러 탭)입니다. 아래부터는 간편히 익스탭으로 부르겠습니다. 익스탭은 크롬에서 다른 웹 브라우저 IE(인터넷 익스플로러)를 사용하는 기능을 말합니다.

우리나라 은행들의 업무를 인터넷에서 처리하는 인터넷 뱅킹의 경우, 얼마 전까지만 해도 크롬에서는 인터넷 뱅킹 자체를 할 수 없었습니다. 거의 모든 사람들이 웹 브라우저로 IE(Internet Explorer) 인터넷 익스플로러를 사용했고, 기업이나 단체에서도 전부 IE를 사용해 은행들도 인터넷 뱅킹을 IE에서만 사용이 가능하도록 했었기 때문입니다.

IE는 웹 브라우저의 기능을 확장시키고 여러 가지 기능을 웹상에서 실현시키기 위해 Active X라는 추가 프로그램을 제공했습니다. 그것을 설치해야 인터넷 뱅킹도 이용하고, 특정 사이트의 프로그램이 활동할 수 있는 체계를 만들었습니다. 사이트의 기능을 모두 이용하기 위해 필수적으로 Active X를 설치해야 했습니다. 크롬에서는 해당 Active X가 작동하지 않으므로 사이트 이용이 되지 않는 것입니다.

웹 브라우저로 크롬이나 파이어폭스처럼 IE가 아닌 것을 사용하는 사용자가 늘어나면서, 현재는 공공기관이나 은행들이 IE 이외의 웹 브라우저에서도 사이트 이용에 문제가 없도록 지원을 하고 있습니다. 하지만 여전히 몇몇 사이트에서는 IE가 아니면 프로그램이 작동하지 않는 곳이 있습니다. 이런 사이트의 이용을 위해서는 IE로 들어가야 하는데, 이럴 때, IE로 다시 들어갈 필요 없이 크롬에서 IE를 구동하도록 하는 것이 익스탭입니다.

그럼 익스탭 사용법을 알아보겠습니다. 먼저 웹 스토어에 들어가 'IE Tab'을 검색하고 설치를 진행합니다. 그 후 주소창 옆에 IE Tab 아이콘(ⓔ)이 설치되었는지를 확인하면 됩니다. 사용법은 다른 확장 프로그램들과 마찬가지로 아이콘 클릭이 전부입니다. 그럼 확인해 보겠습니다.

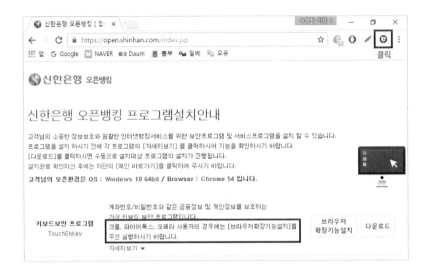

크롬으로 신한은행 오픈뱅킹으로 사이트를 들어가자 앞의 이미지와 같이 프로그램 설치가 필요하다는 페이지로 넘어갔습니다. 만약 같은 컴퓨터 IE에서 인터넷 뱅킹을 이용해왔던 경우라면, IE Tab 아이콘을 클릭해 접속이 가능합니다.

그럼 이번엔 IE Tab의 기능을 살펴보겠습니다.

IE Tab으로 열리는 탭은 탭 앞에 IE Tab 로고(ⓔ)가 나타납니다. 또한, 기존의 주소창 아래에 작은 주소창이 하나 더 나타납니다. IE Tab 주소창입니다. IE Tab 주소창 옆에 있는 아이콘은 순서대로 ① 설정, ② 북마크 저장, ③ 도움말을 나타냅니다.

아이콘 중에 설명하고자 하는 한 가지는 ② 북마크 저장입니다. 크롬에 IE Tab으로 열리기를 원하는 북마크를 따로 저장하는 것입니다. 처음 ②번 아이콘을 클릭하면 북마크바에 자동으로 'IE Tab'이라는 폴더가 생성되며 현재 들어가 있는 사이트가 목록으로 저장됩니다. 이후에는 폴더 안에 목록만 계속 저장됩니다. 목록을 열어보면 앞에 IE Tab 로고가 붙어 있습니다.

목록에 있는 북마크를 클릭하면 자동으로 크롬이 아닌 IE Tab에서 열리게 됩니다. 인터넷 익스플로러에서만 이용 가능한 사이트나 페이지를 위의 IE Tab 폴더에 넣어놓으면 유용하게 활용할 수 있습니다.

검색 노하우

이번 파트는 검색법에 대한 필자의 기본적인 TIP을 설명하려고 합니다. 간단하고 쉬운 방법이지만, 하는 것과 안 하는 것과는 검색하는 속도나 정보를 찾는 시간에 차이를 낼 수 있는 방법들입니다.

앞서 설명한 구글 연산자나 크롬의 여러 가지 기능 이외에 간단하게 할 수 있는 검색 TIP을 살펴보겠습니다.

1. 북마크 지정

제일 먼저 소개할 것은 바로 북마크 지정입니다. 북마크를 지정하는 방법이 아니라, 어디에 북마크를 하는지에 대한 중요성을 말하고자 합니다. 많은 사람들이 북마크를 할 때, 자주 들어가는 사이트의 첫 페이지를 지정합니다. 예를 들어, 자신이 어떤 커뮤니티를 자주 활용할 경우 그 사이트의 메인 페이지에 북마크를 해놓은 경우가 많을 것입니다. 하지만, 메인 페이지는 그 사이트에서 자신이 주로 활동하는 게시판(ex: 자유게시판, 인기게시판)으로 들어가기 위해 거치는 과정인 경우가 대부분일 것입니다. 따라서 사이트의 메인 페이지가 아니라 제일 먼저 방문하거나 자주 방문하는 곳을 북마크 하는 것입니다.

▶ 첫 메인 화면을 북마크 하지 말고, 자주 이용하는 페이지를 북마크 하세요!

2장에서 자세하게 소개될 것인데, 만약 자신이 디시인사이드 주식 갤러리(게시판) 이용자라면 〈주식 갤러리 페이지〉를 북마크하는 것입니다. 또한, 오늘의 유머에서도 첫 메인 페이지를 하기보다는 〈베오베〉나 〈베스트 게시판〉을 북마크하는 것입니다. 그럼 두 번 걸릴 작업을 한 번에 할 수 있습니다. 이처럼 대부분의 커뮤니티 사이트를 북마크 할 때 주요 게시판에 북마크를 하면 활용성이 높습니다.

앞의 이미지는 디시인사이드의 메인 화면입니다. 저곳을 북마크 하지 말고, 자주 들어가는 곳을 북마크 하세요. 만약 자신이 디시 식물갤러리 이용자인 경우, 식물갤러리를 자주 방문하므로 〈식물갤러리 페이지〉를 북마크 합니다.

▶ 사이트에서도 제일 먼저 방문하는 곳을 북마크 해보세요!

2. 범위 좁히기

어떤 한 가지만 한다고 해서 검색을 빠르고, 정확하게 할 수 있는 특별한 방법
은 없습니다. 다만, 주어진 기능을 십분 활용하여 범위를 좁히면 그렇지 않은
경우보다 원하는 정보를 빠르게 접할 수 있습니다. 여러 검색엔진이나 사이트
에서 제공하는 기능을 잘 활용하는 것인데, 가장 먼저 추천하는 것은 기간을
지정하는 것입니다.

모든 검색엔진은 기본적으로 검색 결과물들의 기간을 지정할 수 있는 기능을
제공합니다. 기간을 지정하면 오래된 자료를 제외시킬 수 있는 환경을 만들
수 있습니다. 물론 오래된 자료까지 다 살펴야 하는 경우라면 사용하지 않아
야 하나, 그런 경우가 아니라면 반드시 기간을 지정해 주는 것이 좋습니다.

기간 지정은 특히 빠르게 변화하는 분야에 대한 검색에서 빛을 발휘합니다.
아래 이미지는 구글에서 검색어로 '겨울남자 패션 트렌드'를 검색한 경우입니다.

과거의 패션 트렌드를 알고 싶은 경우에도 기간 지정을 하는 것이 검색에 수월하고, 최신 트렌드를 검색하는 경우에는 더욱 기간 지정을 해주는 것이 원하는 정보를 효율적으로 찾을 수 있는 방법입니다. 앞의 이미지에서 보듯이 '겨울남자 패션 트렌드'를 검색했더니 상위에 2014년과 2015년 자료가 노출되었습니다.

가장 최신의 패션 트렌드를 알고 싶다면 2014년과 2015년 자료는 제외시키는 것이 맞습니다. 물론 내용에서 2016년 겨울 패션 트렌드를 예상한 결과가 나올 수도 있지만, 그런 경우가 아니고서는 하루, 이틀이 멀다 하고 변화하는 패션 트렌드 분야에서 1년, 2년 전 자료는 가치가 많이 떨어집니다. 이런 경우 기간을 최근 1일, 최근 1주, 최근 1달, 이렇게 최근을 기점으로 조금씩 범위를 넓혀가는 설정이 도움될 수 있습니다. 그럼 구글에서 기간을 설정해 보겠습니다.

검색창 아래에 보면 ①『도구』라는 버튼이 있습니다. 버튼을 클릭하면 아래로 ② 새로운 기능들이 활성화됩니다. 검색의 추가적인 조건을 지정할 수 있는 기능들입니다.

| 모든 날짜 |
| 지난 1시간 |
| 지난 1일 |
| 지난 1주 |
| 지난 1개월 |
| 지난 1년 |
| 기간 설정... |

날짜 부분을 클릭하면 왼쪽처럼 기간을 지정할 수 있는 창이 생성됩니다. 지난 1시간부터 지난 1년까지는 클릭 한 번으로 가능합니다. 설정된 기간 말고, 다른 기간을 지정하고 싶으면, 맨 하단에『기간 설정』을 클릭하면 됩니다.

『기간 설정』을 클릭하면 달력이 있는 창이 새로 열리게 되는데, 그곳에서 원하는 기간을 선택하면 됩니다.

네이버도 마찬가지입니다. 네이버도 검색창 아래에 검색옵션 아이콘이 있습니다. 이것을 클릭하면 추가적인 검색 기능이 활성화됩니다.

위의 이미지에서 기간을 누르면 기간을 지정할 수 있습니다. 또한 네이버 검색 기능 중에서 아주 매력적인 기능을 위의 이미지에서 발견할 수 있습니다. 바로 <옵션유지> 기능입니다.

옵션유지 기능은 추가 기능을 검색할 때마다 할 필요 없이 한번 설정해 놓은 상태를 계속해서 유지한 채 검색을 실행합니다. 예를 들어, 기간을 1주로 해놓고 옵션유지를 '켜짐'으로 설정하면, 그 이후부터 검색 결과는 항상 기간이 1주로 설정된 채 실행됩니다.

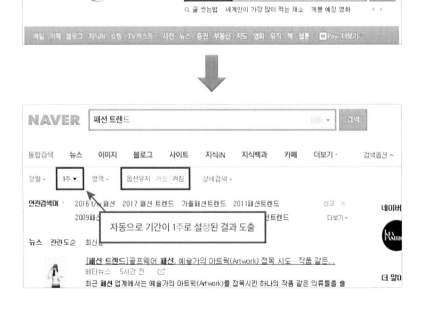

옵션유지 기능은 크롬에서는 완전히 창을 닫았다가 다시 크롬으로 들어가도 사용자를 바꾸지 않는 한 그대로 적용이 됩니다.

다음(DAUM)은 어떤 버튼을 누르지 않아도 처음부터 검색 결과 화면 자체에 기간을 보여줍니다.

다음(DAUM)은 곧바로 기간을 설정할 수 있으나, 보다시피 검색 결과 첫 페이지에서는 최근 1일, 최근 1주, 최근 1개월 외의 기간을 지정할 수가 없습니다. 이 3개 기간 외에 직접 기간을 정하려면 통합검색이 아닌 다른 카테고리로 들어가야 합니다. 블로그 카테고리를 눌러 들어가 보겠습니다.

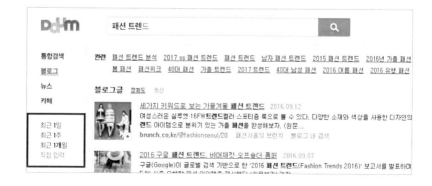

직접 입력을 누르면 원하는 기간을 정할 수 있습니다. 기간 설정을 중심으로 범위를 좁히는 것에 대한 설명을 진행했습니다. 기간 설정 말고도 각 검색엔진들은 추가적인 검색 조건을 제공해 사용자가 원하는 정보에 빠르게 접근할 수 있도록 하고 있습니다. 추가 검색 조건도 잘 활용해 보세요.

3. 숨겨진 기능 활용하기

사람들은 누구나 더 편리하고, 더 쉬운 방법을 이용하려고 합니다. 인터넷에서도 마찬가지입니다. '이런 게 있으면 조금 더 편리하게 이용할 수 있을 텐데'라는 사람들의 바람을 실현시키고자 프로그래머들이나 관련 회사들은 프로그램을 만들거나 기술적인 것을 개발하고 있습니다. 하지만 이렇게 유용한 기능들도 막상 찾아보지 않으면 그런 기능이 있는지조차 모르는 경우가 많습니다.

지금부터 소개할 TIP은 이렇게 숨겨진 기능이나 프로그램을 이용해 보는 것입니다. 지금까지 앞에서 설명한 것도 사실 그 기능을 몰랐었다면 숨겨진 기능이었을 것입니다. 이번에는 앞서 설명한 것 외에 인터넷 사용에 도움이 되는 기능을 두 가지 더 설명하겠습니다.

첫 번째로는 구글의 임시저장소를 이용해 삭제된 게시물의 삭제되기 전 모습을 보는 것을 소개합니다. 궁금한 것이 있어 검색을 진행해 원하는 내용이 있을 만한 제목의 자료를 찾았는데, 삭제된 게시물인 경우 그 삭제되기 전 내용을 볼 수 있는 것입니다.

두 번째는 포털 사이트 다음(DAUM)을 이용한 트위터 활용법입니다. 다음(DAUM)은 트위터와 2011년 제휴해 트위터에 대한 서비스를 향상시켰는데, 검색 부분에 있어 트위터 사이트에 직접 들어가지 않고도 다음(DAUM)에서 거의 모든 것이 가능하도록 기능들을 제공하고 있습니다.

그럼 먼저 구글의 임시저장소를 알아보겠습니다.

구글 캐시(저장소) 이용하기

이번에 소개할 숨겨진 기능은 바로 구글의 캐시(Cache) 시스템입니다. 구글은 검색 로봇을 통해 크롤링을 실시한 페이지의 캡처 화면을 저장소에 저장합니다. 쉽게 설명하자면, 구글 검색 로봇이 그 페이지를 훑고 지나갔다면 구글 자체 저장소에 그 페이지에 대한 스크린샷(캡처)이 저장되는 것입니다.

구글 캐시는 구글에서 자체적으로 운영합니다. 따라서 이것은 글을 남긴 사이트나 페이지에 들어가서 글을 삭제해도 구글 캐시에는 남아 있을 수가 있습니다. 즉, 삭제된 페이지를 볼 수 있다는 것입니다. 그럼 구글에서 캐시에 저장된 것을 어떻게 볼 수 있을까요? 아주 간단하게 볼 수 있습니다.

위 이미지는 구글에 '테스트입니다.'를 검색한 결과입니다. 삭제를 많이 하는 게시물 중 대표적인 것이 테스트를 해보는 글이므로 예를 위처럼 들었습니다. 여기서 구글 캐시에 저장된 페이지를 보는 법은 게시물의 주소 옆에 있는 ▼ 버튼입니다.

▼을 클릭하면 '저장된 페이지'라는 창이 아래에 활성화됩니다. 그것을 누르면 해당 글의 구글 캐시에 저장된 화면을 볼 수 있습니다. 먼저 구글 캐시를 보기 전에, 위의 이미지에서 검색 결과 3번째에 있는 글을 클릭해 보겠습니다.

위 이미지처럼 3번째 글은 이미 사이트에서는 삭제된 게시물입니다. 하지만
사이트 외에 구글 캐시에는 삭제되기 전 모습이 저장되어 있을 수 있습니다.
그럼 구글 캐시를 통해 들어가 보겠습니다.

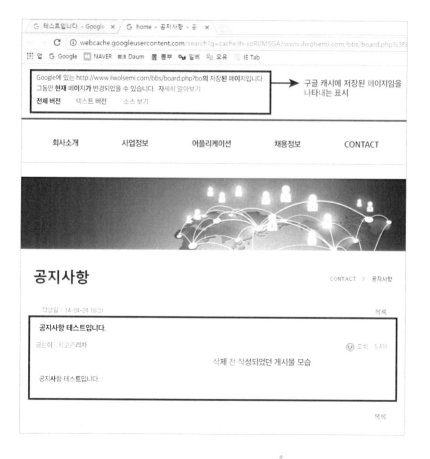

보다시피 구글 캐시를 통해 삭제된 게시물의 삭제되기 전의 모습을 볼 수도 있습니다. 그렇다면 구글 캐시에 남아 있는 자료를 삭제하려면 어떻게 해야 할까요. 구글 운영진에 삭제를 요청해야 합니다. 구글 마스터에게 해당 사이트 주소와 함께 삭제 요청을 해야 합니다.

구글 마스터에게 자료 삭제를 요청하기 위해서는 구글의 '오래된 콘텐츠 삭제'를 이용해야 합니다. 구글에서 '오래된 콘텐츠 삭제'를 검색해서 페이지에 들어가 안내에 따라 과정을 거치면 삭제 접수가 됩니다. 접수가 완료된 이후에는 처리가 될 때까지 기다려야 합니다. 시간적 여유를 두고 나중에 다시 한 번 검색해 보면 삭제된 것을 확인할 수 있습니다.

포털 사이트 제공 기능 활용하기

포털 사이트 다음(DAUM)은 검색어에 대한 검색 결과 페이지에서 해당 검색어에 대한 트위터 검색 결과까지 볼 수 있는 기능을 제공합니다. 따라서 다음(DAUM)을 이용해서 자료를 찾다가 트위터에서의 해당 자료에 대한 내용을 보고자 할 때, 굳이 트위터 사이트에 새로 들어가서 검색할 필요가 없습니다.

앞의 이미지는 다음(DAUM)에서 도깨비를 검색한 결과 페이지입니다. 좌측에 트위터를 클릭해 트위터에서 '도깨비'를 검색한 결과를 띄운 것입니다. 먼저 ① '실시간'과 '정확도'를 소개하겠습니다. 실시간은 실시간으로 작성되는 트위터 게시물 중 해당 검색어가 들어 있는 것을 보여주는 것입니다. 또한 실시간인 상태에서는 ② 일시정지 아이콘을 누르지 않으면 계속해서 새로운 게시물이 위에서부터 순차적으로 생성됩니다. 정확도는 시간순이 아닌 리트윗이나 공감을 많이 받은 게시물을 기준으로 보여줍니다. 마지막으로 ③번 부분은 트위터에는 없고 다음(DAUM)에만 있는 것으로 리트윗을 제거하는 기능입니다.

리트윗 제거
리트윗만 보기
전체 보기

③번 아이콘의 ▼을 클릭하면 옆의 이미지와 같은 창이 나옵니다. 최초 설정은 '전체 보기'로 되어 있지만, 옆에서 원하는 설정을 클릭하면 그 설정에 맞춘 결과물을 보여줍니다.

참고 ⓘ

트위터를 사용하면서 접하는 용어인 트윗(tweet) 작은 새가 지저귀는 소리를 나타내는 영어 낱말로, 쉽게 말해 게시물을 작성하는 것을 의미하고, 리트윗(retweet)은 게시물을 공유하고 전파하는 것을 의미합니다.

리트윗은 다시 말해 글쓴이가 작성한 글이 아니라 타인이 작성한 글을 가져와서 전파하는 것입니다. 따라서 똑같은 내용의 리트윗이 많이 나와 새로운 게시물을 제대로 볼 수 없는 경우도 있습니다. 이 경우, 새로운 내용의 게시물을 빠르게 보기 위해 '리트윗 제거' 기능을 사용하면 수월하게 새로운 게시물들을 확인할 수 있습니다.

이로써 구글링과 크롬, 간단한 TIP을 통해 정보를 획득하기 위한 방법들을 소개했습니다. 모든 초점은 실용성에 맞췄습니다. 불필요한 설명은 배제하고 꼭 필요한 부분을 누구라도 쉽게 이해하고 받아들이도록 책을 쓰고자 노력했습니다. 이 책에 기술되지 않은 검색에 대한 수많은 기법과 기능들이 많이 있을 것입니다. 계속해서 말하지만, 능숙하지 않은 상태에서 많은 기능을 사용하는 것보다는 적은 기능이더라도 능숙하게 사용하는 것이 중요합니다. 지금까지의 내용을 통해 조금이나마 이전보다 나은 검색 환경이 조성되었기를 진심으로 바라겠습니다.

참고

이 책의 원고를 집필한 2017년 1월과 비교해 다음이나 네이버의 화면 구성이 일부 변경되었습니다. 이는 추후에도 계속 발생할 수 있는 부분이므로, 검색 포털사이트의 화면구성 변화는 독자 여러분들의 이해를 바랍니다.

2장

온라인 커뮤니티 이해

온라인 커뮤니티들은 각각 나름의 문화와 분위기, 특징을 가지고 네티즌들의 방문을 이끌어 냈습니다. 모인 사람들은 나름의 '정보 공유 공동체'를 형성하였고, 그 안에서 정보의 생산, 전파, 공유를 실행하며 잘못된 정보로 인해 피해를 받을 수 있는 것을 미연에 방지하는 등 사회에 도움을 주기도 하고, 개인주의 사회에서 새로운 인간관계를 형성하는 기능을 하고 있습니다.

지금부터 온라인 커뮤니티들의 기능을 살펴보며 사람들이 계속해서 모이는 이유를 살펴보고, 정보 취득에 있어 커뮤니티의 중요성을 소개하겠습니다.

온라인 커뮤니티 기능

1. 온라인 공론장

공론장은 여러 사람이 함께 의논할 수 있는 장소나 환경을 말합니다. 여러 사람이 누구나 자유롭게 자신의 의견을 나타내는 것은 민주주의 국가에서 가장 중요한 요소 중 하나로 볼 수 있는데, 온라인에서 이 역할을 충실히 수행하는 곳이 바로 온라인 커뮤니티입니다. 오프라인에서는 모일 수 없는 수많은 사람들이 언제, 어디서든 한 곳에 모여 다양한 주제에 대해 서로의 견해를 표출하고 때로는 다투기도 하면서 획일적인 사고를 방지하고 다양성을 발전시키고 있습니다. 커뮤니티 이용자들은 다른 사람들과 나누고 싶은 주제의 정보나 사실에 대해 온라인 공론장에 가져와 알리고, 관련된 견해들을 나누고 있습니다. 스마트폰 시대가 도래하며 공론장에 접근하는 시공간적 제약이 더욱 없어졌고, 이에 따라 온라인 공론장에서 생산되는 정보의 양이나 질이 과거보다 한층 많고 좋아지는 상황입니다. 정보의 양이 많아진다는 것은 그만큼 잘못된 정보를 바로잡을 수 있는 가능성이 높아지고 있다는 것입니다. 실제 온라인 커뮤니티의 다양한 정보 생산과 교류로 인해 거짓 정보를 밝혀내고, 사회적인 문제를 해결하는 데 공헌한 사례들이 있습니다.

대표적인 사례가 '크림빵 뺑소니 사건'입니다. 크림빵 뺑소니 사건은 화물차 기사로 일하며 만삭 아내의 교원 임용시험을 뒷바라지하던 29세 남성이 새벽에 일을 마치고 집으로 귀가하는 도중 뺑소니 사고로 숨을 거두게 된 사건을 말합니다. 당시 피해자의 아내는 언론 인터뷰에서 "그날 남편이 퇴근하며 전화를 했다. '좋아하는 케이크 대신 크림빵을 샀는데 미안하다. 가진 것 없어도 우리 새별이(아이 태명)에게 만큼은 열심히 사는 훌륭한 부모가 되자'고 약속했다."라고 말해 안타까움을 자아냈고, '크림빵 뺑소니' 사건으로 불리게 되었습니다. 많은 네티즌들의 감정이 자극되었고, 뺑소니 차량 운전자가 수사기관에 잡히지 않는 가운데 수사까지 난항을 겪자 네티즌들은 이 사건을 온라인 공론장에 가져왔고 적극적으로 의견들을 내기 시작했습니다.

특히, 자동차 관련 커뮤니티 '보배드림' 유저들이 가장 적극성을 띠었습니다. 자동차에 대해 관심이 많고, 전문지식이 풍부한 유저들이 활동하는 곳인 만큼 가해 차량의 정체를 알아내기 위해 서로의 의견과 지식을 총동원해 수사에 도움을 주고자 하는 움직임이 거세게 일어났던 것입니다. 보배드림 유저들은 당시 사건의 유일한 증거로 볼 수 있던 CCTV 자료를 집중적으로 분석하기 시작했습니다. 화질이 매우 좋지 않아 수사기관도 분석에 애를 먹자 CCTV 분석에 도움을 주고자 했던 것입니다.

<출처: http://m.bobaedream.co.kr/board/bbs_view/accident/311584>

위의 이미지는 운행하고 있는 차량이 뺑소니 가해 차량의 모습이라며 초기에 공개됐던 영상입니다. 단서가 저 모습밖에 없는 상태였는데, 보배드림 유저들은 CCTV에 나오는 가해 차량의 뒷모습, 불빛 모양, 특이점을 추리하며 해당차의 종류가 무엇인지 파헤치기 시작합니다.

<출처: http://www.bobaedream.co.kr/view?code=best&No=44828&vdate=>

위의 이미지처럼 불빛 모양과 휠의 생김새를 통해 자신이 추측한 차량이 무엇인지 의견을 내놓으면, 댓글을 통해서도 다양한 의견이 개진되었고 점차 용의 차량을 좁혀나갔습니다. 결국 심리적 부담감을 느낀 가해자가 경찰에 자수하면서 사건은 해결되었습니다. 아마 보배드림 유저들이 적극적으로 나서서 정보 공유를 하지 않았다면 사건이 미궁으로 빠질 수 있었으나, 다수가 힘을 모아 사회적 문제를 해결해 낸 사례였습니다. 이후 보배드림은 교통사고 관련 전문가들의 도움을 받을 수 있는 커뮤니티로 입소문이 퍼지게 되었고, 실제로 차량이나 차량 관련 사고에 대한 질문과 답변을 통해 관련 정보가 축적되고 있습니다.

온라인 공론장은 정치적, 이념적 갈등이 분출되는 곳이기도 합니다. 보수적 성향의 유저가 많은지, 진보적 성향의 유저가 많은지에 따라 커뮤니티의 성향이 결정되기도 하고 성향이 다른 커뮤니티 사용자와 대립하기도 합니다.

때로는 대립이 격해져 상대방에게 상처를 주기도 하지만, 중요한 점은 커뮤니티 사이트들은 개방형으로 누구든지 쉽게 참여해 토론할 수 있게 한다는 점입니다. 과거에는 이념적 대립에 관한 주장이나 의견을 접할 수 있는 곳이 책이나 TV토론회 같은 일방향 매체였습니다. TV토론회에 패널로 나오려면 사회적 지위나 학식의 깊이가 어느 정도 검증되어야 했습니다. 게다가 일방향 매체로 토론회를 시청하는 사람들의 주장이나 견해는 알 수 없었습니다. 하지만 온라인 커뮤니티는 양방향 매체로 한명 한명이 토론장의 주인공으로서 발언을 하고 다양한 사람들의 의견을 즉시 확인할 수 있는 공간입니다. 또한, 온라인 공론장 안에서는 익명성이라는 기본 조건이 사람들로 하여금 발표할 때 주목받는 것에 대한 두려움이나 부끄러움을 없애, 능동적인 참여를 이끌어 냈습니다. 자신이 주체적으로 토론을 이끌어 갈 수 있는 분위기가 정착되자, 커뮤니티 이용자들은 스스로 겪은 일이나 궁금한 점, 마음속에만 담아오던 하고 싶은 말들을 공론장에 쏟아놓고 있습니다. 다른 사람의 일화를 읽은 사람들은 공감을 나타내거나 반대를 하며 자연스럽게 토론에 참여해 자신의 주장을 폅니다.

참여가 많아지며 다양성을 존중하고 차이를 인정하는 법을 배우기도 합니다. 또한 소수의 의견에도 귀를 기울일 수 있는 역할도 톡톡히 하고 있습니다. 약자와 강자가 없는 모두가 평등한 온라인 토론장이기에 가능한 일들일 것입니다.

2. 사회 문제 지적·해결

온라인 커뮤니티는 인터넷이 공급되는 모든 곳에서 누구든지 접근할 수 있는 곳입니다. 따라서 커뮤니티에는 전국에서 일어나는 각양각색의 사건들을 살펴볼 수 있습니다. 앞서 머리말에서 소개한 신안 섬마을 여교사 성폭행 사건을 비롯해 하루에도 크고 작은 사건들에 대한 이야기가 커뮤니티에서 생산되고 전파됩니다. 커뮤니티 이용자들은 서로가 타인에게 정보를 전달하기 위해 기자나 정보원이 되는 것을 마다치 않는 특성을 보입니다. 더 많은 사람들에게 전파해야겠다는 생각이 드는 자료는 몇 번이고, 몇 군데건 자신이 할 수 있는 만큼 최대한 전파하려는 모습을 보입니다. 이렇게 온라인 커뮤니티에서 전파가 많이 되고 사람들에게 주목받아 사회적인 이슈로 드러난 주제들은 그것에 대한 사회적 인식과 분위기를 바꾸기까지 합니다. 그 사례로 볼 수 있는 것이 이른바 '갑질 문화'에 대한 사회적 변화입니다.

갑질은 권력의 우위에 있는 갑이 약자인 을에게 하는 부당 행위를 통칭하는 개념으로, 지난 2013년 한 기업의 임원이 항공기에서 나오는 음식과 서비스가 마음에 들지 않는다며 승무원을 폭행한 사건을 기점으로 하여 사회적 문제로 대두되었습니다. 이후 온라인 공론장인 커뮤니티 사이트들에서는 갑질 문화를 청산해야 한다는 의견에 사람들이 합을 이뤘고, 이후 자신이 직접 겪거나 목격한 갑질 사례를 커뮤니티에 알리며 이것을 정화하려는 움직임이 진행되었습니다. 그중, 온라인 커뮤니티에서 전파되어 갑질 문화에 대한 문제점을 다시금 인식하게 한 사례가 2015년 '아파트 갑질 의혹 사건'이었습니다. 아파트 갑질 의혹 사건은 사건을 목격한 사람이 사진과 함께 사건에 대한 내용을 '오늘의유머'라는 커뮤니티에 작성하였고, 이것이 네티즌들의 공감을 받아 주목받게 된 사건입니다.

약 두 달 전부터 아파트 지하 2층의 지하철 연결통로에서 나이 많은 경비 할아버지들이 출근하는 주민들에게 인사를 시작했습니다. 그 이유를 물어보니 아파트 대표회의에서 다른 아파트는 출근시간에 경비가 서서 인사하던데 왜 우리는 시키지 않냐는 몇몇 아주머니들의 지속적인 항의 결과로 대표회의 지시사항으로 시작되었습니다.

나이가 지긋하신 경비분들이 나이가 많건 적건 통로를 지나는 한 사람 한 사람 끝도 없이 고개 숙여 인사하는 걸 보니 이건 아니어도 한참 아니란 생각이 들어 고발합니다. 이런 상식 밖의 갑질 어떻게 생각하시나요?

<출처 http://www.todayhumor.co.kr/board/view.php?table=bestofbest&no=222394>

위의 사건이 바로 아파트 갑질 의혹 사건에 대한 것입니다. 논란이 확산되자 해당 아파트의 입주자 대표는 언론과의 인터뷰를 통해 인사를 강요하지 않았다고 해명했지만, '갑질이 맞다'는 네티즌들의 의견은 줄어들지 않았습니다. 그 외 고객에게 사과하기 위해 무릎을 꿇은 백화점 직원들의 사진으로 뜨거운 논란거리였던 '백화점 갑질 의혹 사건'들도 온라인 커뮤니티의 확산성을 타고 우리 사회에 영향을 미쳤습니다. 온라인 토론장에서 갑질 문화에 대한 심각성과 청산해야 한다는 인식을 공유한 네티즌들은 의견을 내놓는 것에서 그치지 않고 사회를 변화시키기 위해 자신이 할 수 있는 범위 안에서의 행동을 실천하자며 자발적인 활동을 이어가기도 했습니다. 남양유업 갑질 논란이 일어나자 남양유업에 대한 불매운동이 일어났던 것이 그것이었습니다.

이후, 우리 사회는 과거에 비해 갑질 문제에 대한 심각성을 체감하게 되었고,

기업들과 단체에서도 갑질 문화를 개선하기 위해 노력을 기울이고 있습니다.

온라인 커뮤니티는 또한 구조적으로 미흡한 부분에 대한 정보 공유를 통해 사회적 안전망에 도움을 주기도 했습니다. 특히, 2016년 경주에서 관측 이래 역대 최대 규모의 지진이 발생했을 때 온라인 커뮤니티 이용자들이 자발적으로 나서 사회 안전망을 강화하기 위해 노력했던 사례는 사람들에게 깊은 인상을 남겼습니다. 2016년 경주 지진은 경주 남서쪽에서 발생했는데, 서울에 사는 사람들도 그 진동을 느낄 정도로 비교적 규모가 큰 지진이었습니다. 경주 지역은 땅과 건물이 흔들리며 재산피해가 나기도 했는데, 일부 시민들은 발생 초기에 사안의 중대성에 비해 정부나 지자체에서 사건을 시민들에게 알리고 이를 대비하도록 하는데 미흡한 부분이 있었다고 느꼈습니다. 지진이 일어난 곳 주변이나 근처에서 여진이 계속해 발생할 수 있다고 느낀 온라인 커뮤니티 이용자들은 스스로 정부나 지자체의 부족한 부분을 채워나갔습니다. 언제, 어디서든 실시간으로 접속해 정보를 공유할 수 있는 온라인 커뮤니티를 지진의 조기 경보 기능으로 사용해 지진에 대한 정보를 신속하게 전파하는 데 이용했던 것입니다. 가장 특화되었던 곳이 국내 최대 커뮤니티 디시인사이드 이용자들이었습니다.

번호	제목	글쓴이	날짜	조회
18614	지진회입갤		2016.09.19	25
18613	지진이다!!		2016.09.19	25
18612	지진이 낙타났다ㄷㄷ		2016.09.19	26
18611	개룡대 지진회다아아아아ㅏㅇ		2016.09.19	26
18609	인천 안 오냐		2016.09.19	23
18608	**지진남?**		**2016.09.19**	**15**
18607	지진회다!!!		2016.09.19	15
18605	지진회님 그만오세요 씨발		2016.09.19	32
18604	마 지진회또왔노		2016.09.19	21
18603	★☆★☆★☆★☆★☆★☆★지진발생★☆★☆★☆★☆★☆★☆★☆		2016.09.19	41
18602	지진이다!!!!!!!		2016.09.19	28
18601	지진회다!!!!!		2016.09.19	30
18600	시발 고마 흔들리라		2016.09.19	20
18599	신안 지진		2016.09.19	22

<출처: http://gall.dcinside.com/board/lists/?id=jijinhee&page=101>

이처럼 디시인사이드 이용자들은 지진으로 느껴지는 진동이 있으면 실시간으로 지진회 갤러리(게시판)에 진동에 대한 정보를 올렸습니다. 지진회 갤러리는 디시인사이드에서 운영하는 배우 지진회 씨의 팬 게시판인데 이름에 '지진'이 들어갔다는 이유로 네티즌들이 언어유희로 활용해, 지진이 일어나면 지진회 갤러리에 게시물을 적었던 것입니다.

당시 지진회 갤러리는 실제로 지진에 대해 방송사나 정부보다 빠른 전파 속도를 보였다고도 전해집니다. 지진회 갤러리가 이렇게 큰 재난을 몰고 올 수 있는 지진에 대해 조기 경보 시스템적 기능을 하자, 한 네티즌은 지진회 갤러리를 이용한 '지진회 알림' 시스템을 만들었습니다. 온라인 메신저 텔레그램에 단체방을 만들어 지진회 갤러리의 상황을 실시간으로 알려주는 것이었는데, 비록 거창한 시스템을 만든 것은 아니었지만, 온라인 커뮤니티를 잘 활용해 안전망을 구축하고자 한 노력이 관심을 받았었습니다.

또한, 삼성의 스마트폰 갤럭시 노트7 발화에 대한 정보도 온라인 커뮤니티를 통해 전파되며 발화로 인해 일어날 수 있는 안전사고를 미연에 차단한 사례도 있었습니다.

갤럭시 노트7 발화에 대한 사실은 휴대폰 관련 정보 공유로 유명한 커뮤니티 '뽐뿌'에서 전파되었습니다. 충전 중에 폭발했다며 검게 탄 갤럭시 노트7의 실물사진이 뽐뿌에 게재되자 순식간에 네티즌들의 이목을 집중시켰습니다. 당시 폭발 원인을 둘러싸고 네티즌들 사이에 다양한 이야기가 나오며 정보 교류가 활발하게 일어났는데, 이후 폭발하는 휴대폰이 증가하였고, 그 사실은 여지없이 온라인 커뮤니티를 통해 확산되었습니다. 이로 인해 갤럭시 노트7 사용자들은 위험성에 대해 인식을 할 수 있었고 다행히 인명피해나 화재로 인한 재산피해는 일어나지 않았습니다. 문제점을 신속하게 사회에 전파해 자칫 큰 피해로 이어질 수 있던 것을 막아냈던 사례였습니다.

이렇게 온라인 커뮤니티 이용자들은 자신이 알게 된 사실이나 문제점을 온라인 커뮤니티로 가져와 공론화시키고, 사회적 관심을 불러일으키는 것뿐만 아니라, 때로는 해결책을 위한 행동까지 제안합니다. 그 과정에서 실제 사회적 문제가 해결되기도 하고, 문제에 대한 사회적 인식을 바꾸기도 합니다.

3. 새로운 관계 형성

인터넷과 기술이 발달하면서 세상은 조금 더 살기 편안한 사회로 발전하고 있지만, 그 이면에는 인터넷 중독에 빠져 사람과의 관계를 소홀히 하는 것과 같은 부작용들도 나타나고 있습니다. 혼자 술 마시고(혼술), 혼자 밥 먹고(혼밥), 혼자 여행을 다니는 것(혼행)이 전혀 이상하지 않게 받아들여지는 오늘날의 시대상까지 합쳐지며 오프라인에서 사회적인 관계를 형성하지 않는 사람들이 늘어가고 있습니다. 하지만 인간은 사회적 동물로 사회와 동떨어져 혼자 살아가는 것이 쉽지 않습니다. 인간은 하나의 생명체로 개별체이지만 공동체라는 환경 안에서 살기 때문에 함께 더불어 살아가는 법도 알아야 하고, 지혜도 필요합니다. 그러나 치열한 경쟁 사회를 살아가는 우리 사회의 구성원들이 점차 개인주의적 성향이 짙어지는 경향을 보이며, 새로이 타인과의 관계 형성을 추구하지 않자 타인을 이해하고 배려하는 마음이 적어지고 있습니다.

대표적인 예가 층간소음으로 일어난 불상사들입니다. 층간소음으로 인한 다툼이 살인사건으로 이어지기도 했습니다. 층간소음은 서로 소통하고 이해하고 배려하는 것이 해결의 주요 요건입니다. 개인주의가 강해질수록 소통은 어려워지고 그에 따라 이해심과 배려심도 부족해집니다. 층간소음뿐만 아니라 사회 곳곳에서 타인에 대한 이해와 배려 부족으로 촉발된 사건들이 발생하고 있는데, 앞으로 지금보다 개인주의가 강해지고 공동체주의가 약해지는 경향이 계속될 것으로 예측되기 때문에, 사람들 간의 소통과 이해심을 넓히는 해결책이 필요합니다. 온라인 커뮤니티는 사람들 사이에 지금까지 없던 새로운 관계를 형성하는 기능으로 소통할 수 있는 환경을 조성하고 있습니다.

온라인 커뮤니티를 방문하면 어렵지 않게 찾아볼 수 있는 글이 자신의 고민이나 걱정거리에 대한 게시물입니다. 가족사나 신체 치부 같은 친한 친구나 주변 사람에게도 털어놓기 힘든 이야기를 온라인 커뮤니티에서 편하게 풀어놓고 공감과 위로, 해결책을 위한 조언들을 받는 것입니다. 전 세계의 사람들이 제약 없이 모인 곳으로, 비슷한 경우를 경험한 사람도 만나고 같은 처지에 놓인 사람도 만나게 됩니다. 그것에서 오는 동질감과 위로는 타인에 대한 이해심을 높이고 때로는 공동체 안에서 느낄 수 있는 따뜻함을 느끼게 합니다. 자살을 생각한다는 사람에게 과거에 자살을 시도했던 사람이 위로와 격려의 말로 응원해 자살 생각을 없애는 데 도움을 주기도 하고, 동성애자인 자신의 힘든 점들을 진솔하게 털어놓자 자식이 동성애자인 것을 끝까지 이해 못하는 부모에 대한 이야기를 풀어놓으며 깊은 공감대를 형성하기도 합니다.

오프라인상 대면(face to face) 없이 얼굴도 모르고 이름, 직업도 모르는 사람과 유대감을 가진 관계를 형성하기 시작했는데, 최근 새로 생긴 신조어는 이런 관계를 잘 나타냅니다. 바로 '랜선 친구'가 그것입니다.

랜선

랜선에서 앞의 랜은 LAN을 의미합니다. LAN은 Local Area Network를 뜻하는 컴퓨터 관련 용어입니다. 일정 지역의 장치들을 서로 연결한 네트워크를 말하는 것인데, 서로 연결시켜주는 선을 랜(LAN)선이라고 합니다. 랜선을 의역하자면 인터넷을 연결시켜주는 선을 말하고, 더 쉽게 말하면 그냥 '인터넷(온라인)으로 연결된'이라는 의미가 됩니다.
최근 들어 랜선을 활용한 신조어들이 속속 생기고 있는데, 이러한 신조어의 예시들을 보면 이해가 빠를 것입니다.

▶ 랜선 친구: 인터넷에서 연결된 친구(온라인 친구)
▶ 랜선 연애: 인터넷으로 하는 연애(온라인 연애)
▶ 랜선 파티: 인터넷에서 하는 파티(온라인 파티)

페친(페이스북 친구), 트친(트위터 친구), 인친(인스타그램 친구)도 일종의 랜선 친구로 볼 수 있습니다. 얼굴도 이름도 모르는 사람에게 친구라는 호칭이 과연 맞을까? 하는 의문을 가지게도 합니다. 친구는 사전적으로 가깝게 오래 사귄 사

람, 또는 나이가 비슷하거나 아래인 사람을 낮추거나 친근하게 이르는 말인데, 일반적으로 나를 알고 나를 이해하는 가까운 사람에게 붙이는 호칭이기 때문입니다. 사전적 의미로만 본다면 얼굴 한 번 본 적 없는 사람에게 친구라는 호칭은 이상한 것이 맞습니다. 하지만 이제는 많은 사람들이 랜선 친구라는 호칭을 이상하게 여기지 않습니다. 비록 얼굴도 이름도 모르지만, 마치 오래된 친구처럼 자신의 이야기를 들어주고, 이해해주고 격려해주는 사람들이기 때문입니다.

랜선 친구의 장점은 그 어떤 눈치를 볼 필요가 없다는 점입니다. 친구는 내 이름이나 나이 같은 최소한이지만 나와 관련된 어느 정도의 정보를 알고 있습니다. 나의 정보를 알고 있는 사람에게는 나만의 비밀을 모두 털어놓고 공감대를 함께 형성하는 것에 장벽이 있을 수 있습니다. 친구가 나의 비밀을 이해하지 못하고 비밀을 내 주변 사람에게 폭로할 수도 있기 때문입니다. 랜선 친구는 비밀을 털어놓았을 때, 상대방이 그것을 이해하지 못해도 내 주변 사람들에게 비밀이 알려질 가능성이 적기 때문에, 어떤 경우는 죽마고우보다 랜선 친구에게 편하게 말을 꺼내놓을 수 있습니다. 이것은 고민을 가진 사람들을 온라인 커뮤니티로 모이게 했고, 새로운 관계로 이루어진 공동체를 형성하고 있습니다. 온라인 공동체에 들어가 활동하는 것은 혼자서 시간을 보내는 것을 주로 하는 사람들에게 새로운 형태의 사교(여러 사람이 모여 서로 사귐)를 만들고 있습니다. 굳이 동일한 시간, 동일한 장소, 동일한 사람을 필요로 하지 않는 온라인을 통한 사교성 함양은 비록 오프라인에서 실제로 만나 정을 나누는 것에는 비할 바가 안 되겠지만, 사회적 동물로서의 삶을 살아가도록 하는 데 작게나마 도움을 주고 있습니다. 특히, 친구에게 배신을 당하거나 친구들로부터 따돌림을 당하는 일명 '왕따'를 당해 사람 관계에 싫증을 느끼고 사회관계를 단절하는 사람들에게, 세상에 자신의 편이 많이 있으며 이야기를 들어주고 공감하는 사람들이 많다는 것을 느끼게 해 사회로의 복귀를 돕는 해결책의 한 방편이 되고 있습니다.

앞에서 살펴본 커뮤니티의 기능들은 사람들을 커뮤니티로 모이게 했습니다. 처음 온라인 커뮤니티들이 인기를 끌기 시작한 것은 재밌는 유머가 발생하는 곳으로 알려지면서, 재밌는 것을 찾는 사람들이 늘어났기 때문입니다. 온라인 커뮤니티는 개그 프로그램을 보거나 유머를 모은 책을 읽는 것처럼 사람들이 재밌는 사건을 접하거나 놀이를 즐길 수 있는 곳으로 입소문을 탔고, 점차 영향력은 커져 갔습니다. 월요일에 등교한 학생들 사이에 주말에 방송되었던 개그 프로그램의 유행어나 일화를 모르면 시대에 뒤처지고, 개그 코드를 함께 나눌 수 없었던 것처럼 온라인 커뮤니티에서 시작된 유머나 사건에 대해 모르는 사람들은 그 재미를 느껴보고자 커뮤니티에 접속했습니다.

처음에는 재밌는 것을 찾아 온라인 커뮤니티에 모인 사람들이지만, 각양각색의 사람들이 모인 만큼 점차 서로 나누고 공유하는 정보는 유머에 한정되지 않고 분야를 막론하게 됩니다. 모든 것이 모여 있는 백과사전 같은 역할을 하게 된 것입니다. 또한 대형 커뮤니티의 경우 하루에 생산되는 정보의 양은 전부 체크할 수 없을 정도로 많습니다. 이렇듯 온라인 커뮤니티에는 수많은 공개 정보들이 떠돌고 있습니다. 필요한 사람은 누구든지 손쉽게 도움을 받을 수 있습니다.

지금부터는 우리나라의 특징 있는 온라인 커뮤니티 3곳을 소개할 것입니다. 3곳을 선정한 기준은 이용자 수나 활동력, 커뮤니티가 가진 독특한 문화를 기준으로 했습니다. 3곳의 활용법을 통해 비단 커뮤니티를 사용하는 법뿐만 아니라, 커뮤니티의 역사부터 체제 각각의 커뮤니티가 가지고 있는 독특한 분위기와 문화까지 소개해 커뮤니티 이용자들의 특징도 함께 이해할 수 있도록 구성하였습니다. 그럼 지금부터 온라인 커뮤니티를 활용하는 방법을 알아보겠습니다.

온라인 커뮤니티 활용

이번 파트는 온라인 커뮤니티의 활용법입니다. 온라인 커뮤니티를 제대로 활용하기 위해서는 우선 신조어와 해당 커뮤니티에서 사용되는 용어를 알아야 할 필요가 있습니다. 한 방송프로그램에서 'ㅇㄱㄹㅇ'의 뜻을 묻자 '아그래요'라고 대답해 젊은이들을 웃음에 빠뜨리게 한 것처럼, 신조어를 모르면 커뮤니티 이용 자체가 어려울 수 있습니다. 참고로 'ㅇㄱㄹㅇ'의 뜻은 '이거레알(REAL)'로 '사실이다'라는 의미를 뜻합니다. 온라인 커뮤니티들은 신조어 사용에 특화되어 있습니다. 모든 신조어를 설명할 수는 없겠지만 커뮤니티를 사용하는 데 불편함이 없을 정도의 필요한 신조어와 커뮤니티 용어를 정리했습니다.

또한, 커뮤니티 사용자들 사이에 함께 공유되는 사건, 사고에 대해서 소개할 것입니다. 커뮤니티 사용자들이 어떤 것에 열광했는지, 어떤 활동을 좋아하고 즐겼는지를 알게 되면 각각의 커뮤니티가 가진 문화를 이해하는 것이 한결 수월해집니다. 더불어 각 커뮤니티별로 조금씩 다른 운영체제를 소개합니다. 해당 게시판이 어떤 역할을 하는 게시판인지, 사용자들로부터 어떤 의미를 받는 게시판인지를 소개해 초보자도 쉽게 체제를 이해할 수 있도록 안내할 것입니다. 마지막으로는 커뮤니티별 특징을 통해 정보를 검색하는 데 도움을 받을 수 있는 요령을 소개합니다. 요령은 거창한 것이 아니고 커뮤니티에서 운영 중인 기능들을 잘 활용할 수 있도록 안내하는 것입니다. 커뮤니티별로 사용자들의 편의를 위해 구축해 놓은 기능들을 살펴보고, 잘 사용할 수 있도록 안내하겠습니다.

디자인사이드

디시인사이드 메인 페이지 소개

디시인사이드(이하 디시로 통일) 메인 페이지는 상위에 7개의 카테고리를 형성하고 있습니다. 우측에는 실시간 북적이는 갤러리의 순위를 보여주는 실북갤 차트를 보여주고 있습니다.

중간부터는 디시의 메인 갤러리로 볼 수 있는 HIT갤러리와 초개념 갤러리에 대한 신규 게시글을 보여주고 있으며, 하단에는 인기 갤러리와 주요 서비스 및 커뮤니티 운영과 사용에 필요한 것들을 설명하는 게시판들이 있습니다.

디시인사이드 역사

디시인사이드(DCINSIDE)는 1999년 10월 디지털카메라에 대한 정보를 공유하고 디지털카메라로 찍은 사진을 서로 나누는 활동을 목적으로 개설된, 디지털카메라 관련 동호회적인 사이트로 만들어졌습니다.

디지털카메라 전문 사이트답게, 게시판도 갤러리라는 이름으로 운영해 단순히 글만 쓰는 것이 아니라 디지털카메라로 찍은 사진들을 함께 게시하도록 유도했고, 이러한 체제는 이후 디시의 명성을 떨치게 만든 재밌는 합성사진 만들기 문화를 이끌어 내는 데 역할을 합니다.

또한, 사진에 대해 촌평(댓글, 리플놀이)을 하는 디시의 문화는 오늘날 댓글 문화의 시초로 알려집니다. 2002년 댓글에서 생성된 '아햏햏'이라는 용어는 대한민국 전역을 강타하며 인터넷 신조어 문화에 대한 발전을 이끌었다고 볼 수 있습니다.

2005년에는 디시의 여러 합성물이 인터넷 세상을 뜨겁게 달구었고, 신규회원들이 크게 증가하며 다양한 주제로 많은 수의 갤러리(게시판)들이 생겨나게 됩니다.

이후, 많은 사건 사고와 함께 디시는 디지털카메라라는 분야를 넘어, 다양한 분야를 아우르는 우리나라 최대 커뮤니티로 성장하였고 인터넷 문화를 이끌었습니다. 이를 반영해, 초기 디시인사이드라는 명칭의 디시가 디지털 카메라(Digital Camera)를 의미했었으나, 지금은 디지털 콘텐츠(Digital Contents), 디지털 커뮤니티(Digital Community), 디지털 커머스(Digital Commerce)를 의미하는 것으로 바뀌었습니다.

2000년대 초반부터 인터넷 문화를 이끈 디시의 역사를 알기 위해서는 디시가 만들어낸 신조어나 합성사진과 같은 인터넷 문화를 확인하며 살펴보는 것이 필요합니다.

먼저, 디시에서 잘 알려진 대표 키워드를 통해 우리나라 커뮤니티 사이트들의 아버지라고 불리는 디시의 과거부터 현재까지 이어지는 흐름을 알아보며, 인터넷 문화의 특성과 특징을 알아보겠습니다.

1. 디시 폐인

> "한시라도 일을 떠나지 못하는 당신, 당신은 메인입니다"
>
> <2001년 이동통신사 KTF 광고 中>

> "한시라도 디시를 떠나지 못하는 당신, 당신은 폐인입니다"
>
> <디시 회원의 광고 패러디>

지금은 흔하게 쓰이는 단어 '폐인'은 위의 패러디가 나오기 전까지 활용 빈도도 낮았고, 익숙하게 사용되는 단어가 아니었습니다. 2001년 당시 한 디시 회원은 이동통신사의 광고를 패러디해 디시만의 문화와 재미에 푹 빠져있는 회원들을 디시 폐인이라고 지칭하였고, 이후 희화화된 디시 폐인들에 대한 사진들(디시를 하느라 일상생활이 불가능할 정도의 상태를 우스꽝스럽게 표현한 사진)이 디시 안에 퍼지게 됩니다.

희화화된 폐인 사진들은 당시 디시 회원들에게 큰 인기와 호응을 얻게 되며 대한민국의 '폐인 신드롬'을 일으키는 데 역할을 하게 되었습니다. 아래 사진들을 살펴보면 디시 폐인이 어떻게 사람들에게 인식되었는지를 느낄 수 있을 것입니다.

디시 페인들은 다음과 같은 사진을 게시하는 등의 활동으로 '페인 문화'를 만들어가기 시작합니다. '디시 페인이라면 이렇게 행동해야 한다', '페인은 이런 것이다'와 같은 의견을 내놓거나 관련 사진을 만들어내며 문화를 즐겼습니다.

페인 문화가 번성하자 페인이라는 단어의 사용빈도가 늘면서 점차 페인이 가진 부정적인 이미지는 축소되어 무언가에 심취해 있는 모습을 나타내는 단어로 쓰이게 되었고, 같은 분야에 심취한 사람들이 서로 동질감을 느끼고 소속감을 표현할 때도 사용하는 단어가 되었습니다.

<출처: http://gall.dcinside.com/board/view/?id=hit&no=45&page=192>

이후, '다모 페인' 신드롬이 일어나며 특정 드라마에 푹 빠진 사람들을 드라마의 명칭 뒤에 페인을 붙여 부르면서 페인 문화의 전성기가 도래하였는데, 그 선두에는 디시 페인들이 있었던 것으로 전해지고 있습니다. 다모 페인은 2003년 방영되어 화제를 모은 MBC 인기 드라마 '다모'를 좋아하는 매니아들을 부르는 명칭입니다. 다모 매니아들은 스스로를 '다모 페인'이라고 불렀습니다.

디시 페인들은 이후에 소개될 아햏햏, 개죽이, 개벽이 등 사실상 디시의 인터넷 문화를 주도한 장본인들로 시간이 날 때마다 디시에 상주하며 재미를 추구하고 공유하며 디시의 발전을 이끌었습니다.

2. 아햏햏

디시를 소개하는 데 있어 절대 빼놓을 수 없는 단어가 '아햏햏'입니다. 아햏햏
사건으로 인해 디시는 명실공히 대한민국에서 가장 주목받고 인기 있는 커뮤
니티가 되었다고 볼 수 있습니다.

오른쪽의 그림은 게임 소울칼리버의 여성 캐
릭터 중 한 명인 소피티아 알렉산드라입니다.

화려하면서도 멋진 모습의 캐릭터로 사랑을
받던 캐릭터였기에, 코스프레(만화 주인공처럼 의상
을 입고 분장을 해서 만화 캐릭터를 흉내내는 것)를 직접
하려는 사람들의 주요 대상이 되었습니다.

2002년, 디시인사이드 엽기 갤러리에 위 소피
티아 알렉산드라를 코스프레한 신원미상의 일
본 여성의 사진이 올라와 큰 충격과 반향을 일
으키게 됩니다. 그 사진이 바로 다음에 있는 사
진입니다.

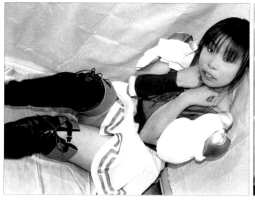

<출처: http://web.archive.org/web/20150714140709/http://board5.dcinside.com/zb40/zboard.php?id=1
6&page=669&sn1=&divpage=3&sn=off&ss=on&sc=on&select_arrange=headnum&desc=asc&no=2015>

다시 회원들은 만화 캐릭터 소피티아와 외모상 다소 차이가 나는 사진의 주인공에 대해 댓글로 다양한 의견을 개진하였는데, 이상하게도 처음에는 욕설이나 비난이 주를 이뤘으나, 묘하게 점차 사진 속 여성의 매력에 빠져들게 됩니다.

> ↳ 엽기란에 아주 잘 어울리는군! ^^;
> ↳ 옷만 소피티아군요. 나머지는 엽기…
> ↳ 애들은 보지 마~ 웨이~ 웨이~
> ↳ **이상하게 중독성이 강하네. 왜 자꾸 보게 될까요.**
> ↳ **헉, 저도 자꾸 보게 됩니다. 오늘 또 들어와서 보고 가네요. 정말 중독이다.**
> ↳ **이 사진 마약과도 같군요. 벌써 마흔 번쯤 봤습니다.**
> ↳ **나만 그런 게 아니구나. 나도 이상하게 자꾸 보네.**

그러던 중, 한 회원이 댓글에 오타로 '어힝어힝어힝어힝힝 아헿헿'이라는 댓글을 달자, 다른 회원들이 '아헿헿'으로 줄여 부르기 시작하면서 '아헿헿'이 발생됐다고 전해집니다. 소피티아 사진을 보며 표현하고 싶은 마음, 이를테면 당혹감이나 황당함, 실망감 같은 감정을 '아헿헿'으로 표현했던 것입니다.

이처럼 아헿헿은 명확한 뜻이 없습니다. 아헿헿은 그냥 아헿헿이라고 정의합니다. 즉, 문맥의 흐름에 따라 다양한 뜻이 내려질 수 있는 신조어였습니다. 가장 근접한 단어로는 전라도 사투리 '거시기'였습니다.

> ↳ 오늘은 기분이 좋으면서도 좋지가 않소. 거참 아헿헿 하오.
> ↳ 캄보디아 아이들이 팔찌를 사달라고 한다. 너무나 귀엽고 예쁜데, 사주자니 필요가 없고,
>   아헿헿한 기분이 계속되었다.

디시 안에서 댓글 놀이로 향유되던 아헿헿이 디시를 벗어나 외부에서도 꽃을 피우게 된 계기는 바로 당시 개봉했던 영화 취화선을 만나면서 시작됩니다. 영화 취화선은 조선 후기의 화가 장승업의 삶을 그린 영화입니다. 장승업

은 뛰어난 솜씨로 당대 최고의 화가로 불렸으며, 자유분방한 생활을 즐기는 인물로 그려집니다. 세속적인 관습에 구애받지 않는 특징을 잘 나타낸 선전 문구가 사람들의 눈길을 끌었는데, "세상이 뭐라 하든 나는 나! 장승업이오." 가 그것이었습니다. 세속에 얽매이지 않고 자유롭게 자신이 좋아하는 것을 추구하는 삶이 디시 페인들이 추구하는 부분과 일맥상통하였고, 결국 한 디시 회원이 취화선 포스터를 활용해 만든 패러디물은 디시 페인들과 네티즌들에게 큰 호응을 얻게 됩니다. "세상이 뭐라 하든 나는 나! 아햏햏이오."가 그것이었습니다. 기가 막히게 어울리는 아햏햏 문구에 많은 디시 회원들이 감탄하였고, 알 것 같으면서도 그 의미를 명확하게 알 수 없는 아햏햏을 표현함에 있어서도 이보다 더 아햏햏을 잘 표현할 수는 없다 싶을 정도의 작품이 나왔다고 즐거워했습니다.

이후, 디시 페인들은 아햏햏을 단순한 언어적 의미와 기능을 넘어 사회 문화로 발전시키게 됩니다. 불교의 개념을 가져와 아햏햏을 이해하는 것을 마치 불교에서 깨달음을 얻는 것으로 정의 내리기 시작합니다. 불교에서 행자(불도를 닦는 사람)들은 깨달음을 얻기 위해 수행을 계속하는데, 이것을 아햏햏에도 적용시켜 '아햏햏을 깨우치기 위해 행자들은 수행을 계속해 득햏을 해야 한다'고 하며 그들만의 놀이를 향유합니다.

디시 회원들은 득햏을 위해 수행하는 방법들을 제시하며 아햏햏 문화를 즐겼습니다. 해탈의 경지에 오른 스님이 자신을 절제하고 탐욕에서 벗어나기 위해 노력하듯이, 행자들은 득햏을 이루기 위해 더욱 페인스러운 생활을 해야한다고 말합니다. 즉, 누가 더 디시 페인이 되는가가 바로 햏력이 높아지는 것이고, 페인에 가까워질수록 득햏을 이룬다고 보았습니다.

주침야활 면식수행(晝寢夜活 麵食修行)
낮에 자고 밤에 활동하며, 면(라면)으로 세끼를 해결한다.

마치 불교 관련 고사성어 같은 앞의 문장은 디시 페인들이 만든 수행 방법입니다. 면식수행보다는 면식수행으로 주로 표현했으며, 진정한 디시 페인으로서 아행행을 깨우치기 위해 해야 할 행동으로 소개하였습니다.

말 그대로 페인이 되기 위해 낮에는 잠을 자고 밤에 활동하며, 면으로 된 음식으로 식사를 대체하는데 고급스러운 면 요리는 안 된다는 분위기로 주로 라면으로 식사를 해야 한다는 것입니다.

3. 하오체

취화선의 주인공 장승업은 영화 내에서 하오체를 사용합니다. 취화선을 패러디한 아행행이 인기를 끌면서 디시 안에서 취화선의 장승업이 사용하는 하오체가 덩달아 유행합니다. 하오체는 높임말 중 하나로, 상대방을 높이면서도 자신을 낮추지는 않는 어법으로 볼 수 있습니다. 예시를 보면 어떠한 말투인지 가늠할 수 있을 것입니다.

예시

- ▶ 나는 홍길동이라고 하오. 모두 반갑소.
- ▶ 정말 대단하구려. 당신의 득행에 찬사를 보내오.
- ▶ 순간, 아행행한 표정에 혈도가 막혀 운기행공을 했소.

현재도 인터넷상에서 하오체를 쓰는 네티즌들을 찾아볼 수 있습니다. 2000년 초반 하오체를 쓰던 디시는 이후 여러 사건들을 거치며 반말 사용을 기본으로 하는 커뮤니티로 변모하였고, 지금은 하오체를 쓰는 회원 수가 급격하게 줄어 거의 찾아보기 힘든 상태입니다.

디시 페인들은 아행행을 깨우치고 진정한 페인이 되기 위해 하오체를 사용하는 등 열성이었습니다. 오늘날 각종 예능프로그램에 출연해 인기를 얻고 있는 웹툰 작가 김풍 씨는 익히 알려진 디시 폐인입니다. 그의 작품인 『폐인의 세계』는 디시 폐인들에 대한 이야기를 잘 설명하고 있습니다.

작가 김풍 씨는 최근에도 자신을 응원하는 디시인들에게 감사 글을 적었습니다. 디시 폐인답게 하오체로 적어 디시 회원들을 추억에 잠기게 했었습니다. 디시 회원들은 오랜만에 등장해 2000년대 초반 아햏햏 문화로 디시의 전성기를 이끌었던 김풍 씨의 글에 반가움을 표현하며 당시를 많이 추억하였습니다.

4. 개죽이, 개벽이

개죽이는 디시인사이드의 공식 마스코트로 불립니다. 개죽이는 대나무에 매달린 귀여운 강아지를 말합니다. 디시에서 닉네임 nills로 알려진 회원 권한일 씨가 올린 사진에 디시 회원들이 열광하며 개죽이 신드롬이 디시 내에 만연하게 됩니다.

▶ 개죽이

사진에 있는 강아지가 바로 '개죽이'입니다. 디시 회원들이 지어준 이름입니다. 개죽(竹)이. 대나무에 매달린 강아지라는 의미 정도가 됩니다.

떨어지지 않으려 네발을 이용해 대나무를 꼭 붙잡고 있는 귀여운 모습이 디시인들의 마음을 훔쳤고, 이후 '웃는 개죽이' '슈퍼맨 개죽이' 등 개죽이의 귀여운 얼굴을 활용한 합성물들이 인기를 끌며 지금도 사람들은 배경화면이나 프로필 사진에 개죽이를 이용하고 있습니다. 개죽이 사진이 처음 나왔을 때, 거세게 일었던 것이 합성이냐, 아니냐에 대한 논쟁이었습니다.

처음엔 대부분이 '개죽이는 합성물일 것이다'라고 추측했습니다. 논쟁은 사진의 주인인 권한일 씨가 합성이 아니라고 언론 인터뷰를 통해 밝히면서 일단락되었습니다.

디시 회원들의 사랑에 힘입어 개죽이는 디시의 마스코트가 되었고, 2004년 당시 노무현 전 대통령의 탄핵에 반대하던 일부 디시 회원들은 뜻을 모아 오프라인 집회에 참석하는데, 당시 디시인사이드 단체임을 나타내는 깃발로 슈퍼맨 개죽이를 사용해 시민들의 주목을 받았었습니다.

▶ 개벽이

개벽이는 개죽이와 함께 디시 마스코트였으며, 디시만의 문화를 만들었던 양대 산맥 중 하나입니다. 개벽이라는 이름에서도 알 수 있듯이 개벽이도 강아지를 말합니다.

개벽이는 벽 사이의 작은 구멍으로 얼굴을 내민 채 카메라를 쳐다보는 사진의 강아지로 디시인들의 열렬한 사랑을 받았습니다.

개벽이는 등장 이후 거의 모든 합성물에 포함되었으며, 디시 회원들의 개벽이에 대한 사랑은 남달랐습니다. 최고의 사랑을 받고 있던 개벽이를 주제로 2003년 인터넷 세상이 한바탕 소동에 휩싸이게 됩니다. 디시의 합성 문화를 발전시키는데 크게 기여한 개벽이가 다소 황당하게 느껴질 수 있는 스토리로 생을 마감했다는 것이 전해진 것입니다.

다음에 나오는 글은 자신도 모르게 인터넷 상에서 일약 스타가 된 개벽이의 소식을, 뒤늦게 접한 개벽이의 실제 주인이 자신이 키우던 개가 맞다는 것을 주장하며 디시에 적은 글입니다.

우리 집은 대전 동구입니다. (중략) 그리고 누렁이는 지금 없어졌지만, (복날을 못 넘겼습니다.) 그 사진의 배경이 되는 우리 집의 벽은 그대로 있습니다. 증거를 원하신다면 찍어서 올릴 수도 있고요. 당시 저는 공익근무 중이라(새벽부터 새벽까지 자전거를 타고 산을 너머 영장을 돌렸습니다.) 친척 어른을 막지 못했습니다(저는 개고기 안 먹습니다).

<개벽이 주인이 '개벽이는 자신의 개가 맞다' 주장하며 적은 글>

복날에 친척 어른을 막지 못하였고 본인은 개고기를 먹지 않는다는 주인의 글에서, 개벽이는 보신탕으로 생을 마감한 것이 드러나게 된 것입니다. 개벽이의 다소 허무한 생의 마감은 개벽이를 사랑하는 네티즌들에게 충격을 안겼고, 이들은 개벽이를 추모하는 사이트 개설해 애도했습니다. 당시 30만 명이 넘는 네티즌들이 애도 사이트를 방문해 개벽이를 조문한 것으로 알려져 있으며, 합성문화의 리더였던 만큼 디시인들은 합성물 제작으로 개벽이를 추모했습니다. 또한, 우리나라의 보신탕 문화에 대해서도 논쟁이 일어나게 됩니다.

당시 언론이나 평론가들은 이러한 현상에 대해 개벽이는 단순한 강아지를 넘어, 문화를 선도했던 시대의 아이콘이었다는 평가했었습니다. 마치, 오래전 인기 그룹 서태지와 아이들이나, HOT, 젝스키스가 해체해 활동을 중단한다는 것을 그 팬들이 알게 된 것과 마찬가지였다는 것입니다.

5. 합성필수요소

여러 가지 합성물의 기본이 되는 요소들을 말합니다.

개죽이나 개벽이처럼 어디에 합성해도 잘 어울리고 재미를 유발하는 인물사진이나 그림을 보면 '합성필수요소로 지정하자는 움직임이 일어납니다. 합성필수요소들은 이쁘고 귀여운 대상, 재미있는 포즈나 표정이 화면에 잡힌 대상, 사회적으로 논란, 이슈가 된 사람들이 주로 지정되었습니다. 디시 페인들은 합성필수요소로 등극된 사진이나 그림을 활용해서 합성물을 만들고 그것을 다른 회원들에게 평가받는 것을 즐거했습니다.

개죽이, 딸기녀, 소피티아, HOT 멤버 문희준 등이 당시 합성필수요소로 사용되었습니다.

디시에서 합성문화가 정착하고 번성하자 디시에서 만들어진 합성물이 다른 커뮤니티들에도 전파되며 주목받았고, 인터넷에서 합성물을 활용한 재미 추구가 널리 퍼져, 오늘날 속칭 사이다(체했을 때 사이다를 마시면 속이 뻥 뚫리는 기분이 드는 것처럼 답답하고 불편한 상황에서 어떤 행위가 통쾌하고 시원한 느낌을 줄 때 하는 표현) 패러디물들을 만드는 문화를 창조하는 데 일조하였습니다.

6. 여옥대첩

초창기 디시는 진보적 성향의 네티즌들이 주류를 이룬 것으로 알려져 있습니다. 2004년 정치·사회 갤러리에서 활동하는 회원(정사갤러)들은 갤러리 내에서 열린우리당을 지지하고 한나라당을 비판하는 분위기를 만들었다고 전해집니다.

갤러

디시는 갤러리 이용자를 갤러라고 부릅니다. 이것은 '~하는 사람'을 뜻하는 신조어를 만들 때 접미사로 '~러'를 쓰는 것에서 비롯되었습니다.
예를 들면, 악플을 다는 사람을 '악플러'라고 부르고, 최근에는 개그맨 조세호 씨를 '행사 등에 참가하지 않는 사람'이라는 의미로 '프로 불참러'라고 부르는 것을 들 수 있습니다.
디시 주식 갤러리 이용자는 주갤러, 야구 갤러리 이용자는 야갤러, 코미디프로그램 갤러리 이용자는 코갤러라고 합니다.

이렇게 진보적인 성향을 띄던 정치·사회 갤러리의 분위기를 바꾼 계기가 이른바 여옥대첩이라고 불리는 정사갤러들과 전여옥 당시 한나라당 대변인의 토론회입니다.

디시의 정치·사회 갤러리에서 정치 분야에 대해 지식이 많고 입담에 자신이 있던 정사갤러들은 당시 한나라당의 입으로 볼 수 있었던 전여옥 대변인에게 간담회를 제안합니다. 정사갤러들은 전여옥 대변인과의 토론에서 속칭 말발로 완전히 압승할 수 있을 것이라는 자신감을 가지고 있었다고 알려집니다.

거절할 것이라는 디시인들의 예상을 보란 듯이 뒤엎고 전여옥 대변인은 흔쾌히 간담회 초청을 수락하였습니다. 소수정예의 정사갤러들이 뽑혔고, 이들은 자신들이 승리할 것을 의심하지 않았습니다. 이윽고 한 호프집에서 간담회가 열렸고, 정사갤러들은 전여옥 대변인이 자신들의 공격에 제대로 대처하지 못할 것으로 생각하며 질문을 쏟아냈습니다.

하지만 예상과 달리, 전여옥 대변인이 강한 공세에도 전혀 밀리지 않고 막힘없이 답변을 이어갔습니다. 압승을 예상했던 디시 회원들은 '당했다', '이게 뭐냐'라며 실망감을 나타냈습니다.

이후, 디시 회원들은 분에 못 이겨 당시 간담회에 참석했던 정사갤러들을 비난하기 시작합니다. '키보드 워리어(keyboard warrior)'라는 신조어가 이때 만들어졌다는 설(說)도 있습니다.

키보드 워리어(keyboard warrior)

키보드로 싸우는 전사, 싸움꾼 정도가 됩니다. 의역하자면, 인터넷 공간에서는 거침없이 말도 하나, 막상 실제 생활에서는 타인에게 말도 잘 못하는 소심한 성격을 가진 사람들을 조롱하는 표현입니다. 줄여서 '키워'로도 불립니다.

간담회는 정사갤러들의 완벽한 패배라는 디시 유저들의 비난은 계속되었고, 비난을 피하기 위해 간담회에 참여했던 정사갤러들은 정치·사회 갤러리를 떠났고, 진보성향을 가진 네티즌들도 하나둘씩 정치·사회갤러리를 떠나면서, 보수성향의 네티즌들이 정치사회 갤러리에서 활동하였다고 전해집니다.

주요 갤러리 소개

디시는 2017년 1월 현재 약 1,500여 개의 갤러리가 운영되고 있습니다. 갤러리는 앞서 설명했듯, 다른 커뮤니티 사이트로 치자면 게시판입니다. 야구 갤러리, 주류 갤러리, 치킨 갤러리 등 아주 다양한 갤러리가 있습니다. 디지털카메라 관련 사이트로 처음 시작을 했기 때문에, 사진을 올려 공유하는 게시판이라는 의미로 게시판 이름을 갤러리로 지었다고 생각됩니다.

처음에는 많지 않은 갤러리로 시작했으나, 폐인·하오체·합성 문화를 이끌었던 디시의 인기가 높아지면서 자연스럽게 회원들이 늘어났고, 회원들의 여러 분야에 대한 갤러리 개설 요구에 부응해, 지금처럼 세분화된 갤러리들이 운영되고 있습니다.

디시 갤러리는 크게 두 개의 카테고리로 운영됩니다. 메인 갤러리와 마이너 갤러리인데, 마이너 갤러리 제도는 2016년 1월에 시행되었습니다. 마이너 갤러리가 생기기 전의 상황을 먼저 소개해야 갤러리에 대한 이해도가 높아질 것입니다.

마이너 갤러리가 생기기 전 디시에서 신규 갤러리를 만들고 싶을 경우, '갤러리 신청' 갤러리에 원하는 주제의 갤러리 개설을 요청해야 했습니다. 신청을 받은 디시 운영진은 갤러리가 개설될 경우 사람들의 관심을 받을 수 있을지를 댓글이나 요청하는 인원 등을 통해 파악하고 개설 여부를 결정했었습니다. 당시 항간에 떠도는 소문으로는 디시 창립자인 김유식 씨와 운영진에게 갤러리를 만드는 조공으로, 김유식 씨가 좋아하는 음식인 만두를 보내줘야 갤러리를 만들어 준다는 이야기도 전해졌습니다. 이른바 '만두 조공'입니다.

실제로 디시 회원들은 신규 개설을 요구하거나 개설에 대한 고마움을 표현하기 위해 음식을 보냈고, 운영진들은 이를 숨기지 않고 사진과 함께 감사의 마음을 표현했습니다.

개설을 바라며 음식을 보내기도 했겠지만, 아마 더 큰 의미는 디시 운영진들에게 감사의 마음을 전하려는 것이었습니다. 자신들이 마음껏 놀 수 있는 공간인 디시를 만들고 운영하는 회사에 대해 디시 회원들은 애정이 상당했습니다.

수많은 갤러리들이 생겨나고 없어지고를 반복하는 가운데, 과거에는 그래도 디시를 대표한다는 갤러리가 있었습니다. 엽기 갤러리, 막장갤러리, 코미디 프로그램 갤러리 등 갤러리들 중에서도 화제성과 활동성이 강한 곳들이었습니다.

대표 갤러리들은 다양한 원인으로 흥망성쇠를 하였고, 지금은 사실 과거에 비해 뚜렷하게 큰 반향을 일으키는 갤러리는 없다고 할 수 있습니다. 다르게 표현하자면 춘추전국시대입니다. 갤러리가 워낙 많아져서 회원들이 어느 특정 갤러리로 몰리지 않고, 분산되어 활동하고 있는 것입니다.

이미 많아져 버린 갤러리 수에도 회원들이 원하는 갤러리 개설 요구는 끊임없이 이어졌고, 결국 디시는 회원들 스스로 갤러리를 만들고 운영하도록 하는 제도를 시행하였는데, 그것이 바로 마이너 갤러리입니다. 마이너 갤러리는 회원가입만 하면 누구나 자신이 원하는 갤러리를 만들 수 있는 제도입니다. 운영진에게 개설을 신청해 운영진의 승인을 받아 개설하는 것과 같은 몇 단계의 절차 없이 곧바로 갤러리를 만들고 운영할 수 있는, 다른 어떤 커뮤니티에서도 보기 힘든 획기적인 게시판 운영방식입니다. 자율성을 강조하고 네티즌 스스로 만들어가는 커뮤니티를 표방한 디시의 운영관이 투영된 제도로 볼 수 있습니다.

마이너 갤러리에서 회원들이 왕성하게 활동하고 이목을 끌어 활성화되면, 디시 운영진의 내부 심사를 거쳐 메인 갤러리로 승격할 수 있습니다. 물론, 메인 갤러리로 승격하면, 운영에 대한 권한이 디시 운영진으로 회수됩니다. 신규 갤러리가 흥할지 망할지를 알 수 없는 상태에서 운영진의 판단으로만 갤러리를 개설했던 기존의 방식은 운영진의 판단과 달리 활성화되지 못하는 갤러리가 발생되는 문제점을 가지고 있었습니다.

이런 경우, 활성화되지 못한 갤러리 개설까지 들어가는 시간과 비용의 낭비가 운영진 입장에서는 달갑지 않았을 것입니다. 마이너 갤러리 제도 운영은 이렇게 낭비되는 시간과 비용을 절약하는데 도움을 주고 있다고 판단됩니다. 활성화되지 못하면 메인 갤러리로 갈 수 없기 때문입니다.

또한, 회원의 입장에서는 자신이 만들고 싶은 갤러리를 전과 달리 손쉽게 개설할 수 있어 만족도가 한층 높아진 것으로 판단되며, 운영진과 회원 양쪽 모두 윈윈(Win Win)하고 있는 제도로 보입니다.

앞서 언급한 것과 같이 지금은 과거와 달리 특출나게 활성화된 대표 갤러리는 없다고 볼 수 있습니다. 하지만 사람들의 추천을 받은 게시물이나, 운영진에 의해 좋은 콘텐츠인 것을 인정받아 선택된 게시물을 모아놓은 갤러리들이 있습니다. 추천받은 게시물은 사람들의 공감을 얻고 있다는 의미로, 이러한 게시물을 모아 놓은 곳은 주요 게시물을 확인하는데 편리하므로 소개하겠습니다.

1. HIT(히트) 갤러리

HIT(히트) 갤러리는 '힛갤'로 불리며, 디시를 대표하는 갤러리입니다. 오래된 역사를 자랑하고 있으며, HIT 갤러리에 등극하는 게시물은 많은 관심을 받습니다.

힛갤은 가리고 가려 뽑은 그날의 최고 관심 게시물이 게재되는 곳입니다. 조회 수, 추천 수와 콘텐츠 내용을 살펴 디시 회원들의 관심을 많이 받거나 이목을 끌 수 있는 게시물 중 운영진이 선발합니다. 즉, 최고 중의 최고(BEST OF THE BEST)를 운영진에서 선택하는 것입니다. 각 갤러리 이용자들은 자신들이 이용하는 갤러리에서 생산된 게시물을 다른 갤러리에서 생산된 게시물보다 더 많이 힛갤에 보내고자 경쟁하기도 합니다.

이러한 이유로 게시물의 힛갤 선정 기준은 디시 회원들의 관심사였습니다. 어떤 날은 정말 사람들의 공감을 불러일으키는 게시물이 힛갤로 선정되나, 또 어떤 날은 힛갤감이 안되는 게시물이 선정된다며 기준에 대해 의구심을 가진 회원들이 많았기 때문입니다. 이에, 디시 측에서는 힛갤 선정에 대해 이렇게 설명하였습니다.

> ▶ 힛갤 선정 기준은 감동, 재미, 웃음, 재치, 희소성, 모두의 예상을 뛰어넘는 황당함이 기준입니다.
>
> <2011년 디시인사이드 디시뉴스 中>
>
> ▶ 힛갤 선정에 있어 특별한 기준은 없습니다.
> 이용자들의 추천과 공감이 기준이라면 기준이 되겠지요.
>
> <현재 디시인사이드 힛갤 소개 페이지>

조회 수가 제일 높든가, 댓글이 제일 많든가와 같은 확정적인 기준이 없다는 것을 확인할 수 있습니다. 이것은 조작(셀프 추천 등)을 통한 힛갤 선정을 방지할 수 있었습니다.

하지만 힛갤 선정을 운영자라는 한정된 사람들이 결정하다 보니 '이게 왜 힛갤이야? 이것보다 훨씬 재밌는 게 많은데?'라는 식의 불만을 토로하는 디시 유저들도 이어져 오고 있습니다.

힛갤로 선정되기 위해선 추천을 받는 것이 주요합니다. 개념글 추천(일명 개추)을 일정 기준이상 받으면 게시물은 개념글이 되고, 해당 갤러리의 개념글만 모아놓은 게시판에 게재됩니다.

즉, 갤러리는 내부적으로 크게 두 개의 카테고리로 운영되는 것입니다. 전체 목록과 개념글만 따로 모은 개념글 게시판이 그것입니다. 1차적으로 회원들에 의해 검증된 개념글 게시판이 디시인들의 주목을 더 많이 받습니다.

디시에서는 2013년부터 힛갤로 선정된 게시물을 작성한 회원에게 기념품을 지급합니다. 일본 애니메이션 만화 '드래곤 볼(Dragon Ball)'에서 모티브를 얻은 기념품입니다.

드래곤 볼

드래곤 볼 7개를 한곳에 모으면 용신이 소원을 이루어준다는 설정으로, 주인공 손오공과 친구들이 드래곤 볼을 모으고자 모험을 떠나면서 일어나는 에피소드들을 내용으로 한 만화.

기념품의 명칭을 '힛갤곤볼'이라고 부르는데, 만화 드래곤 볼에서 7개의 볼을 모두 모으면 용신이 소원을 이루어 주는 것처럼, 힛갤곤볼 7개를 모으면 상품과 교환해줍니다.

다음의 사진이 바로 힛갤곤볼입니다. 힛갤곤볼은 운영자가 힛갤에 등극한 게시물 작성자에게 1게시물 당 1개씩 보내줍니다. 즉, 자신의 게시물이 7번 힛갤에 등극하면 힛갤곤볼을 모두 모으게 되고, 힛갤곤볼 7개를 상품과 교환할 수 있는 것입니다.

<출처: https://www.ilbe.com/7681401505>

헛갤곤볼 7개를 다 모은 회원은 1달에 한 번씩 디시인사이드에서 발간하는 월간 디시에 소개됩니다.

과거부터 지금까지의 헛갤 게시물들만 살펴보더라도, 디시의 발전과정과 분위기를 느낄 수 있습니다. 헛갤은 앞으로도 계속해서 디시를 대표하는 갤러리로 명성을 이어갈 것입니다.

2. 초개념 갤러리

디시에서는 게시물에 대한 공감을 나타내는 '추천'을 '개념글 추천(일명 '개추')으로 나타냅니다. 디시 갤러리에서 게시 글을 쓰면 하단에는 아래 그림처럼 구성이 됩니다.

게시물이 사람들에게 공감받아 개념글 추천(개추)을 일정 기준 이상 받게 되

면 개념글이 되는데, 이 중 운영진에서 내용이 괜찮다 싶은 것을 선택해 초개념 갤러리에 등록시킵니다. 즉, 초개념 갤러리는 힛갤과 유사한 갤러리로 볼 수 있습니다.

그렇다면 힛갤과의 차이는 무엇일까요. 사실 일부 회원들은 초개념 갤러리는 힛갤의 마이너 갤러리 버전이라고도 합니다. 게시되는 양의 차이(힛갤은 하루에 평균 2개, 초개념갤은 50여 개 이상) 외에는 차이점을 느낄 수 없기 때문입니다.

따라서 초개념 갤러리는 여타 다른 커뮤니티로 보자면 인기 게시판 정도로 볼 수 있습니다. 갤러리 구분 없이 다양한 갤러리에서 추천을 받은 글들이 모이기 때문에, 한눈에 이목을 끌고 있는 게시물을 볼 수 있는 곳입니다.

초개념 갤러리에 등록되면, 원래 그 게시물이 있었던 갤러리는 원본 갤러리라고 불리게 됩니다. 다음의 예에서 보자면, 고민 갤러리가 원본 갤러리가 되는 것입니다. 초개념 갤러리는 힛갤과 마찬가지로 이미 회원들의 추천을 받은, 1차적으로 검증된 게시물들이기 때문에 다시 회원들에게 주목을 받습니다.

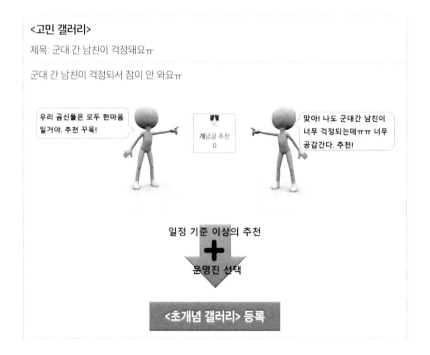

초개념 갤러리에 등극한 게시물에는 '초록색별'이 글 앞에 붙어집니다. 이것은 원본 갤러리에서 초개념 갤러리에 등극한 게시물을 보여주는 표시이기도 합니다. 그럼 먼저 글 앞에 붙은 이미지들이 어떤 의미를 나타내는지 알아보도록 하겠습니다.

	사진 없이 글만 있는 게시물을 의미
	사진이 첨부된 게시물을 의미
	운영진에 의해 선택된 초개념글을 의미
	일정 수준 이상의 추천을 받은 개념글을 의미(사진이 있는 게시물)
	일정 수준 이상의 추천을 받은 개념글을 의미(사진이 없는 게시물)

초개념 갤러리는 2015년 11월 6일에 신설된 갤러리입니다. 같은 날 기존에 운영되던 일간베스트, 펀이슈, 유저이슈 게시판이 없어졌습니다. 이렇게 변경한 이유를 두고 혹자들은 일간베스트저장소(일베) 커뮤니티가 그 원인이라고 합니다.

기존에 디시에서 운영하는 일간베스트 게시판을 잘 모르는 사람들이 봤을 때, 일간베스트저장소(일베)를 사용하는 것으로 오해한다는 소식이 전해지자, 개편을 했다는 것입니다.

참고

일간베스트저장소(일베)는 극우 성향을 보이는 커뮤니티로 평가받고 있으며, 때때로 도를 넘는 행동과 표현을 일삼는 일부 일간베스트저장소(일베) 회원들로 인해 일간베스트저장소(일베)를 한다는 것 자체에 대해 반감을 가진 사람들이 많으며, 이들은 일간베스트저장소(일베) 사용자로 오해받는 것뿐만 아니라, 털끝만큼이라도 관련되는 것을 극도로 싫어합니다.

초개념 갤러리 이전에 있던 디시의 일간베스트 게시판은 실제로 일간베스트저장소(일베) 커뮤니티의 모태입니다. 당시 일간베스트 게시판은 제목 그대로 베스트 게시물, 즉 회원들에게 추천을 많이 받고 주목을 끄는 게시물을 모아볼 수 있는 게시판이었습니다. 지금의 초개념 갤러리였다고 볼 수 있습니다. 차이점이 있다면, 당시 일간베스트 게시판은 게시물 선정 시 관리자의 권한이 개입되지 않았었다는 것입니다. 일간베스트 게시판의 게시물은 조회 수, 댓글 수, 추천 수 등 정해놓은 기준만 충족하면 자동으로 옮겨졌습니다.

따라서 당시 일간베스트 게시판은 어느 정도 조작이 가능했습니다. 일간베스트 게시판에 등극하면 조회 수와 관심도가 급격히 높아지기 때문에, 이를 노리고 자신이 올리고자 하는 게시물(광고, 선정적)을 계속 클릭해 조회 수를 높였던 것입니다. 하지만 지금은 아무리 추천이나 조회 수가 높아도 운영진의 선택에 의해 초개념 갤러리로 게시물이 옮겨지기 때문에 광고성 게시물이나 선정적인 게시물이 사전에 차단되는 효과를 내고 있습니다. 일각에서는 이러한 관리자들의 검열이 디시의 매력을 저하시키고 있다고도 합니다.

디시인사이드 특징

- **자유** 분방한 분위기 추구(운영진 개입 최소화 노력)

  디시가 발전하기까지 가장 큰 원동력 중 하나로 규제나 제한 없이 자유로운 온라인 공간을 추구

- 갤러리별 각양각색 문화

  과거 하오체나 아햏햏 문화 이후 다양한 변화를 겪으면서 비록 하나의 커뮤니티이지만 갤러리별로 말투나 정치색 등 문화가 상이

- 익명성에 기반한 엄청난 활동력

  하루 평균 게시물이 약 50만 건에서 60만 건을 육박할 정도로 자신이 활동하는 갤러리에서 적극성을 띄는 분위기

  디시는 다른 커뮤니티와 비교가 불가능할 정도로 대규모인 데다, 다양한 의견과 사고를 가진 사람들이 모인 곳으로 디시의 특징이나 성격을 몇 개의 범주로 나눠 단정 짓기는 어렵습니다. 과거 디시 초창기에는 정치적으로나 사고적인 면에 있어 비슷한 성향의 사람들이 주로 활동해 그나마 어떤 특색을 가지고 있다고 말할 수 있었으나, 현재는 다양한 사람들이 뒤섞여 정의 내리기 힘듭니다.

  그래도 다른 커뮤니티와 차별성이 드러나는 특징이 있었기에 지금의 디시가 있다고 말할 수 있는데, 지금부터 그 특징을 알아보고자 합니다. 특징들도 에피소드나 키워드를 통해 소개할 것입니다. 특징을 미리 알면 디시에 적응하는 데 도움이 될 것이고, 더불어 디시의 분위기를 느낄 수 있을 것입니다.

규제, 제한 최소화 ①

디시는 규제나 제한을 최소화해 이용자 중심의 자유로운 분위기를 추구합니다. 이에, 자신이 표현하고자 하는 바를 마음껏 할 수 있는 공간으로 발돋움하며 많은 네티즌들이 디시로 몰려들게 되었습니다. 비록, 명예훼손이나 욕설에 대한 게시물에 대해서는 계속해서 적절한 제재를 하고 있으나 기본적으로 자유분방함을 보장하는 입장입니다.

디시 초창기에는 앞서 설명한 아햏햏·하오체로 인해 온라인이지만 서로 존대를 하고 상대방을 존중하는 분위기였습니다. 굳이 운영진에서 개입할 것이 많지 않았었습니다. 운영진은 규제보다는 오히려 회원들과 함께 호흡하며 디시만의 재미를 추구하는 데 함께했습니다. 물론, 명예훼손이 될 만한 합성물이나, 음란·비방물 정도는 관리를 했습니다.

하지만 그가 나타나며 디시에서 아햏햏·하오체 문화가 사라지고 반말을 하는 문화가 시작되었다고 전해집니다. 그는 바로 악플의 시초, 악플의 제왕, 악플의 아버지로 불리며 악명을 떨쳤던 닉네임 '씨벌교황'입니다.

씨벌교황은 초기 PC통신으로 분류되는 두루넷에서 활동했다고 전해집니다. 아이디에 '씨벌'이라는 욕을 사용하는 것부터 그의 태도를 엿볼 수 있는데, 당시 인터넷 세상은 당연히 예의를 갖추는 것을 기본으로 하고 있었음에도 불구하고, 씨벌교황은 처음부터 자신을 돈이 많은 부자에 사회적 승자로 인식하고 자신 이외의 다른 사람들은 속칭 루저(패배자)로 여기며 거만한 태도와 말투로 일관했습니다.

그의 거만함을 볼 수 있는 사례로 자신의 삶을 나타낸 글이 있습니다. 외국어에 능통하고 외국대학을 나와 회사원 겸 사업으로 월 5천만 원을 벌고 있으며, 외형적인 면도 뛰어나 이성에게 호감형임을 나타내고 있습니다. 다음의 '씨벌교황이 말하는 자신의 삶' 글에서 확인해 보겠습니다.

한국에서 대학 다니는 거 아무짝에 소용없다. 난 독일 뮌헨 테크니컬 우니벨지테트에서 제발 와달라고 무릎 꿇고 비는 걸 마다하고 지금은 직업 전선에 뛰어들었다. 에스페란토와 영어 복합 시험 엘레프, 엘테프에 합격했고 불어, 독어, 영어에 능하며 상해어, 대만어, 일어, 서러를 어느 정도 구사할 줄 알고 이태리어, 영국 황실어, 라틴어를 공부 중이다. 난 토플이나 토익, 텝스 같은 허접한 건 아예 거들떠보지도 않는다. 불어할 줄 안다면 Quand il me prend dans ses bras Il me parle tout bas Je vois la vie en rose. 이거 해석해 봐라. KDSir 이란 미국 서버전문 기업에서 월 500의 적은 액수를 받고, 광고복권 사업으로 500, 대리석 가공 1,000, 대리석 수출입 1,500, 부동산 500, 채권 500 대략 이런 식으로 번다. 난 미국시민권을 갖고 있으므로 북한에 자유롭게 들락거릴 수 있어서 북한 조개 수입 판매로 500 정도 번다. 총합 월 5천의 수입을 올린다. 10년의 킥복싱과 웨이트 트레이닝으로 온몸이 근육으로 번들거리고 182의 신장에 92의 체중이다. 공인무술종합 14단짜리 놈도 나한테 덤비다 반 불구되서 지금까지도 부산 메리놀 병원에서 1년째 치료받고 있다. 우리나라 5대 백화점과 6대 호텔, 3대 골프장에서 에머랄드 VIP 회원권을 우선 발급받았다. 다른 거 할 말 없다. 궁금한 거 있으면 물어봐라.

- 씨벌교황이 말하는 자신의 삶

<출처: http://m.blog.naver.com/salesmterran/50038650671>

이처럼 씨벌교황은 항상 거만한 태도를 보였고, 두루넷 이용자들은 씨벌교황을 축출하자는데 의견을 모았습니다. 결국 씨벌교황은 두루넷을 떠나 당시 큰 인기를 끌고 있던 딴지일보로 자신의 활동 무대를 옮기게 됩니다. 딴지일보는 개혁, 진보적 성향을 띠는 대표적인 인터넷 대안언론 겸 커뮤니티입니다. 정치권을 주제로 한 활동이 비교적 많은 편이고, 주요 활동에는 고위 공무원이나 정치인, 재벌 총수 풍자가 포함되어 있습니다. 즉, 디시와 함께 2000년대 초반 정치 풍자를 통한 사회 비판을 행하는 커뮤니티 중 하나였습니다.

딴지일보에 들어간 씨벌교황은 두루넷에서와 마찬가지로 막말과 거친 욕설로 분란을 일으킵니다. 이에, 딴지일보 대표 김어준 씨는 사이트 분란을 초래하는 행위들에 대해 경고하고 주의를 주었으나, 씨벌교황은 행동을 멈추지 않았습니다. 결국, 씨벌교황의 공세를 못 견딘 딴지일보는 3일간 사이트를 폐쇄하고 개편을 하는 초유의 사태가 발생했다고 전해집니다.

이것이 대단하다고 평가 받는 것은 딴지일보는 대표 김어준 씨를 비롯해 활동하는 진보논객들의 내공이 상당한 곳으로 평가받기 때문입니다. 딴지일보 회원들은 김어준 씨를 총수라고 지칭하는데, 김어준 총수는 많은 정보력과 화려한 입담을 통해 웬만해서는 입씨름으로 이기기 어려운 사람이라는 평을 받습니다.

딴지일보 김어준 총수는 씨벌교황을 수사기관에 고소하며 씨벌교황의 전횡을 막기 위해 노력하였고, 결국 씨벌교황은 딴지일보에서 눈을 돌려 부흥의 길을 걷고 있던 디시에 손을 뻗게 됩니다. 아햏햏과 하오체로 예의와 존중 문화가 자리 잡은 디시에 반말, 막말, 욕설의 대가로 불리는 씨벌교황의 등장은 그야말로 혼란과 분란의 시대 개막을 알리게 됩니다. 디시의 체질 자체가 바뀌게 되는 시발점이라고도 볼 수 있습니다.

씨벌교황은 전과 마찬가지로 디시인들에게 갖가지 막말과 욕설을 퍼붓습니다. 하지만 디시는 딴지일보와는 조금 다른 수단으로 씨벌교황의 공격에 대처합니다. 딴지일보가 운영진 위주로 관리자적인 차원에서 씨벌교황에 맞섰다면, 디시는 이용자인 디시 회원들이 직접 씨벌교황에 맞섰던 것입니다. 이용자 중심을 표방하는 디시의 분위기를 잘 보여주었습니다.

수행을 통해 행력을 키운 디시인들은 씨벌교황의 공격에 처음에는 존중 문화를 지키려 점잖은 화법으로 씨벌교황에 맞섰습니다. 씨벌교황도 절대 다수인 디시인들의 공격에 흔들림 없이 계속해서 막말과 욕설을 이어갑니다. 오랜 기간 전투는 계속되었고, 점점 디시인들도 거친 표현을 써가며 씨벌교황에 대적하게 됩니다. 막말에는 막말로 되갚아도 된다는 의식들이 차츰 생겨나기 시작했던 것입니다. 그도 그럴 것이 씨벌교황의 막말은 상대방으로 하여금 너무 화가나 견딜 수 없을 정도였기 때문입니다. 디시 김유식 대장은 씨벌교황의 막말을 이렇게 표현했습니다.

씨벌교황과의 전투가 계속될수록 디시인들의 막말 사용 빈도가 늘기 시작하였고, 막말 사용 자체가 어색하지 않은 분위기로 흘러갑니다. 디시가 반말, 욕설 사용에 거부감이 없는 공간으로 변모하기 시작한 것입니다.

이후 또 다른 인물이 나타나며 반말에 대한 거부감이 없어지게 됩니다. 바로 닉네임 '싱하'입니다. 싱하는 항상 자신을 형이라고 표현했기 때문에 '싱하형'으로 통칭됩니다. 싱하형은 주로 인기 게임인 스타크래프트 갤러리(스갤)에서 활동했다고 알려져 있습니다.

싱하형은 항상 배우 고 이소룡의 찌푸린 표정 사진을 자신을 나타내는 것으로 사용했습니다. 또한, 항상 머리글로 '형 왔다'나 '형이다'를 사용했습니다. 싱하형은 자신이 형이고 다른 이들을 전부 동생으로 취급하는 말투를 사용했습니다. 콘셉트 자체가 자신이 윗사람이라고 생각하는 것이었기 때문에, 매너나 존중 없이 반말과 욕설, 막말을 사용했습니다.

하지만 씨벌교황의 욕이 듣자마자 눈살을 찌푸리게 만들었던 것과 달리 싱하형의 욕은 묘하게 유머러스한 매력을 가진 것으로 인식되었습니다. 싱하형을 대표하는 상징적인 멘트는 이렇게 요약됩니다.

형 왔다. 이 새퀴들아 10초 준다.
굴다리 밑으로 튀어와라.
무조건 존내 맞는거다.

싱하형

　독특한 말투로 디시인들에게 점점 인기가 높아진 싱하형은 필수합성요소에 등극하며 디시에 싱하형 시대를 열게 됩니다. 디시인들은 싱하형의 말투와 찌푸린 이소룡의 사진을 사용해 다양한 합성물을 만들었고, 인기를 끈 합성물은 여타 다른 커뮤니티에도 소개되며 싱하형의 인지도는 크게 올라가게 되었습니다. 그렇다면 당시 싱하형을 이용한 합성물들을 살펴보겠습니다.

※ 참고로 다음에 나오는 싱하형 합성물 중에는 디시가 원출처가 아닌 것도 있을 수 있습니다. 이점 참고해 주세요.

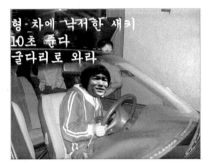

<출처: https://www.ilbe.com/3067551644>

　싱하형의 합성물들은 모두 싱하형이 남긴 게시물들에 기반하여 만들어졌는데, 사람들은 싱하형의 게시물을 '싱하형 어록'이라 표현하며 공유했습니다. 그중 몇 가지만 살펴보겠습니다.

형아 오늘 열 받았다. 너희들 빨리 10초 안에 한강 굴다리로 모여라!
8초, 9초 이런 것은 없다. 그냥 존내 맞는 거다.
그리고 10초 안으로 안 오면 너희들은 더 맞는다.
형이 다 생각이 있어 너희들을 존내 패는 거다.

형 지금 정모 당장 출발한다. 찌질이 새퀴들 긴장해라.
형이 왔는데 몰라보는 새퀴 존내 죽을 때까지 패버린다.
물론 나 모른다고 형 눈 똑바로 쳐다보는 새퀴도 목숨은 보장 못한다.
일단 오늘 정모 나온 놈들은 한강 굴다리에서 존내 맞는다.
이유는 없다. 그냥 존내 맞는 거다. 다 형이 생각이 있기에 너네를 존내 패는 거다.

씨벌교황에 이어 싱하형이 악플로 사이트에 분란을 일으키자 디시 운영진에서는 한때 '싱하'를 금지어로 등록하며, 분란을 없애기 위해 노력했습니다.

하지만 싱하형의 엉뚱함에 매력을 느끼고 싱하형 콘셉트를 따라하는 디시인들이 늘면서 운영진도 결국 하나의 문화로 자리매김한 싱하형 콘셉트를 인정하고 제재를 해제하게 됩니다.

이러한 일련의 사건들을 거치면서 결국 디시 내부에서는 반말이나 욕설의 사용빈도가 증가하는 결과를 낳게 됩니다. 막말 사용자들의 활동으로 혼란을 겪던 디시는 차라리 이들을 한데 모아 관리해 보려 했습니다. 막장 갤러리를 개설한 것입니다.

막장 갤러리를 통해 다른 갤러리들을 막말과 욕설에서 탈피시켜 디시 전체를 건전한 사이트로 회복시켜보고자 노력했으나, 막장 갤러리에 모인 악플러들은 오히려 자신들과 성향이 비슷한 사람들끼리 뭉쳐 더욱 거칠어지고, 막장성이 강해졌습니다.

디시인사이드의 막장갤러리는 저도 포기한 지 오래죠, 뭐. 초창기 게시판 생성 목적부터가 악성리플러, 찌질이 등 인터넷 문화가 낳은 기형아들을 격리시키기 위해서였으니깐요. 한번 가 보세요. 얼마나 그놈들이 쓰레기 같은지… 혀를 내두를걸요.

- 김유식 씨 인터뷰 중

당시 막장 갤러리의 수준이 어느 정도였는지를 가늠해 볼 수 있는 인터뷰 내용입니다. 섹드립이나 고인드립도 서슴지 않고 행했는데 섹드립, 고인드립, 패드립이라는 용어가 생기게 된 것도 막장 갤러리에서 시작했다는 설이 있습니다.

이들의 막장성은 막장 갤러리를 넘어 다른 갤러리에도 침입해 디시를 혼탁하게 만들기도 했는데, 특히 막장 갤러리 사용자들은 속칭 덕후(마니아: 어떤 분야에 몹시 열중하는 사람)들에 굉장한 반발감을 가지고 있었다고 전해집니다.

덕후 ⓘ

일본어인 오타쿠(애니메이션, 순정드라마 등 특정 분야에 깊이 빠져 사교성이 부족한 사람을 부정적으로 부르는 용어)에서 유래했습니다. 오타쿠를 발음이 비슷한 오덕후로 변형해 부르다가 간편하게 덕후로 부르게 된 것입니다.
지금은 주로 무엇인가를 열광적으로 좋아하는 마니아를 지칭하는 것으로 쓰입니다. 즉, 덕후가 부정적인 의미로 시작했으나 이제는 부정적이지 않은 의미로 사용되는 것입니다.
드라마 덕후(드라마를 좋아하는 사람), 빵 덕후(빵을 좋아하는 사람), 애니 덕후(애니메이션을 열광적으로 좋아하는 사람) 등으로 쓰이는 것입니다.

디시는 연예인들에 대한 덕후들의 방문을 반겼습니다. 김유식 대장도 익히 알려진 소덕후(소녀시대 마니아)였기에, 연예인 덕후 문화가 디시에 정착하는 것은 어찌 보면 당연한 과정이었을 것입니다. 막갤러(막장 갤러리 이용자)들은 덕후들을 공격했지만, 김유식 대장의 든든한 지원을 받는 연예인 덕후 갤러리들은 날로 성장해 나갔고, 현재 디시를 이끄는 가장 큰 축으로서 역할을 하고 있습니다.

이렇게 디시의 문화를 만들고, 변화시키는 분위기의 중심에는 규제나 제한을 최소화하는 즉, 관리자의 개입을 최소화시킨 것이 있었습니다.

갤러리별 다른 문화

디시는 하나의 커뮤니티 사이트임에도, 갤러리별로 다른 문화를 가지고 있습니다. 이와 같은 특징은 현존하는 다른 커뮤니티들의 생성과 무관하지 않다고 알려집니다. 이번에는 주요 갤러리별 차이점을 알아보면서 디시를 조금 더 이해하는 시간을 가져보겠습니다.

'갤러리'는 줄여서 '갤'로 부릅니다. 약칭(정식 명칭을 간략히 줄인 명칭)으로 부르는 것입니다. 스타크래프트 갤러리는 '스갤'로 주식 갤러리는 '주갤', 해외연예 갤러리는 '해연갤'로 부르는 것입니다.

디시에 들어가서 처음 초개념 갤러리를 방문하면 모든 게시물의 출처가 모두 약칭으로 되어 있어, 게시물의 원본 출처를 아는 것이 쉽지 않습니다. 기갤, 기음갤, 히갤 등 처음 방문하는 사람들에게는 낯선 약칭들만 있습니다. 하지만 간소하게 줄여 부르는 것을 즐기는 현대 네티즌들의 특징처럼 디시 회원들도 약칭을 사용할 뿐 원래 명칭 전부를 사용하지 않습니다.

따라서 디시를 원활하게 사용하기 위해서 꼭 필요한 작업 중에 하나는 전부는 아니지만, 많이 사용되고 주목받는 갤러리들의 약칭을 숙지하는 것입니다. 참고로 갤러리의 흥망성쇠에 따라 지금부터 소개할 약칭이 다른 것으로 바뀔 수 있습니다. 그럼 현재 초개념 갤러리에 게시물이 자주 올라오는 갤러리들의 약칭을 살펴보겠습니다.

• 디시인사이드 갤러리 약칭 정리

약칭	갤러리 명	약칭	갤러리 명
야갤	국내야구 갤러리	소시갤	소녀시대 갤러리
주갤	주식 갤러리	오갤	오버워치 갤러리
코갤	코미디프로그램 갤러리	남연갤	남자 연예인 갤러리
스갤	스타크래프트 갤러리	문갤	문구 갤러리
해충갤	해외 축구 갤러리	히갤	히어로 갤러리

약칭	갤러리 명	약칭	갤러리 명
기갤	기타 국내드라마 갤러리	긱갤	기타 프로그램 갤러리
고갤	고전게임 갤러리	냥갤	야옹이 갤러리
해연갤	해외연예 갤러리	토갤	토이 갤러리
식물갤	식물 갤러리	인갤	인형 갤러리
연뮤갤	연극 뮤지컬 갤러리	영갤	영화 갤러리
합필갤	합성필수요소 갤러리	낚갤	낚시 갤러리
멍갤	멍멍이 갤러리	물갤	물고기 갤러리
기음갤	기타 음식 갤러리	프갤	프로레슬링 갤러리
카연갤	카툰-연재 갤러리	동기갤	동물, 기타 갤러리
막갤	막장 갤러리	여갤	여행 갤러리
정사갤	정치 사회 갤러리	철갤	철도(지하철) 갤러리
패갤	패션 갤러리	엽갤	엽기 갤러리
와갤	와우 갤러리	웹갤	웹툰 갤러리
국연갤	국내 연예인 갤러리	힙갤	힙합 갤러리
인방갤	인터넷방송 갤러리	던갤	던전앤파이터 갤러리
워갤	워크래프트 갤러리	과빵갤	과자, 빵 갤러리
농갤	농구 갤러리	디갤	디즈니 갤러리
수갤	수능 갤러리	허갤	허언증 갤러리

주요 갤러리의 약칭을 정리했는데, 사실 최근에는 연예인 갤러리와 드라마 관련 갤러리들의 활동이 활발해 연예인과 드라마에 대한 갤러리는 따로 정리해야 합니다. 야구 구단에 대한 갤러리들도 마찬가지입니다.

하지만 야구 관련 갤러리는 두갤(두산베어스 갤러리), L갤(LG트윈스 갤러리), 넥갤(넥센히어로즈 갤러리)처럼 보면 바로 유추가 가능할 정도의 수준입니다.

또한, 드라마와 연예인은 급격하게 관심을 받을 때와 그렇지 않을 때가 극명해 따로 정리를 해도, 인기가 식어 갤러리 활동이 줄어들면 자연스럽게 약칭 사용빈도가 줄어 굳이 알지 않아도 되는 점이 있습니다. 드라마와 연예인 갤러리의 약칭은 독자 여러분들이 해보기를 권합니다.

갤러리를 주관적인 기준으로 크게 분류하자면 ① 재미 추구 ② 연예인, 드라마 마니아 ③ 기타 취미·정보 공유로 나눌 수 있습니다.

1. 재미 추구 갤러리

디시의 역대 수도 갤러리들은 재미를 추구하는 디시인들의 놀이터이었습니다. 디시를 널리 알린 '엽기 갤러리(엽갤)'와 '합성필수 갤러리(합필갤)'로부터 스타크래프트 갤러리(스갤), 막장성을 보였던 막장 갤러리(막갤), 코미디프로그램 갤러리(코갤), 국내 야구 갤러리(야갤), 주식 갤러리(주갤)까지 재미를 추구하는 갤러리들이 관심을 받아오고 있습니다.

2000년대 초반 엽갤과 합필갤이 주목을 받던 당시에는 갤러리의 주제와 맞는 엽기적인 게시물이나 합성물로 인해 사람들이 모였습니다. 하지만 이후 수도라고 불렸던 갤러리들은 주제와 상관없이 자극적이고 재밌는 게시물들이 공유되고, 관심을 받아 사람들이 모였습니다. 다르게 표현하자면, 수도로 불리는 갤러리는 자유 게시판적인 성격을 가지고 있습니다. 주제에 연연하지 않고 게시물이 올라오는 것입니다.

위에서 소개한 갤러리 중 몇몇 갤러리는 디시의 수도 갤러리로 볼 수 있는지에 대해 논란이 있으나, 스타크래프트 갤러리(스갤)의 경우 모든 사람들이 제1 대 수도로 인정하고 있습니다. 스갤을 제외한 갤러리들은 수도 갤러리로 인정할 수 있는지에 대해 의견이 분분하나, 대다수 사람들이 언급하는 수도 갤러리의 계보는 다음과 같습니다.

• 디시인사이드 수도 갤러리 계보

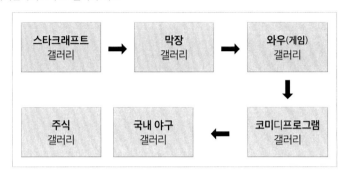

위의 계보는 앞서 설명한 것처럼 논란이 있을 수 있습니다. 순서가 다르거나, 다른 갤러리가 더 이슈였다는 주장이 있을 수 있습니다. 이것은 수도 갤러리라는 것 자체가 일정한 기준이 있는 것이 아니고, 사람마다 바라보는 관점에 따라 더 시끌벅적한 갤러리에 대한 차이가 날 수 있기 때문입니다. 하지만 위에서 설명한 갤러리들이 과거와 현재 남다른 활동성을 보이고 있는 것은 사실입니다.

그럼, 먼저 디시 수도갤의 성지로 불리는 스타크래프트 갤러리(스갤)를 알아보겠습니다. 스갤의 성장은 스타크래프트 게임의 인기와 함께했습니다. 스타크래프트는 미국 블리자드 게임업체에서 만든 게임으로 전세계를 강타한 게임입니다. 우리나라 PC방 개수를 급격하게 늘린 게임이기도 합니다. 스갤이 수도였을 때는 방금 올라와 1페이지에 있던 게시물이 단 몇 초 만에 2페이지 내지 3페이지로 밀려났다고 전해질 만큼 활동력이 굉장히 왕성했었습니다.

스갤을 이야기하다 보면 '스갤이 털었다'라는 문구를 흔히 접할 수 있습니다. '털다'라는 것은 활동력과 밀접한 관계를 가지며 '어디를 털었다', '우리가 털었다'라는 식으로 표현됩니다. 의미는 해당 사이트나 게시판의 정상적인 이용이 불가능하게 한다는 것을 뜻합니다.

　예를 들면, 게시판을 같은 내용의 게시물로 가득 채우는 것입니다. 흔히 '도배한다'라고 표현하는데, 도배가 어떤 것인지 다음 이미지를 보겠습니다.

번호	제목	글쓴이	날짜	조회	추천
6407170	최정문 사랑한다!♡♥ 최정문 사랑한다!♡♥ 최정문 사랑한다!♡♥ 최정문 사랑한			4	0
6407175	최정문 사랑한다!♡♥ 최정문 사랑한다!♡♥ 최정문 사랑한다!♡♥ 최정문 사랑한			41	0
6407180	최정문 사랑한다!♡♥ 최정문 사랑한다!♡♥ 최정문 사랑한다!♡♥ 최정문 사랑한			40	0
6407153	최정문 사랑한다!♡♥ 최정문 사랑한다!♡♥ 최정문 사랑한다!♡♥ 최정문 사랑한			3	0
6407158	최정문 사랑한다!♡♥ 최정문 사랑한다!♡♥ 최정문 사랑한다!♡♥ 최정문 사랑한			3	0
6407163	최정문 사랑한다!♡♥ 최정문 사랑한다!♡♥ 최정문 사랑한다!♡♥ 최정문 사랑한			3	0
6407168	최정문 사랑한다!♡♥ 최정문 사랑한다!♡♥ 최정문 사랑한다!♡♥ 최정문 사랑한			34	0
6407173	최정문 사랑한다!♡♥ 최정문 사랑한다!♡♥ 최정문 사랑한다!♡♥ 최정문 사랑한			20	0
6407178	최정문 사랑한다!♡♥ 최정문 사랑한다!♡♥ 최정문 사랑한다!♡♥ 최정문 사랑한			17	0
6407156	최정문 사랑한다!♡♥ 최정문 사랑한다!♡♥ 최정문 사랑한다!♡♥ 최정문 사랑한			3	0
6407161	최정문 사랑한다!♡♥ 최정문 사랑한다!♡♥ 최정문 사랑한다!♡♥ 최정문 사랑한			3	0
6407166	최정문 사랑한다!♡♥ 최정문 사랑한다!♡♥ 최정문 사랑한다!♡♥ 최정문 사랑한			3	0
6407171	최정문 사랑한다!♡♥ 최정문 사랑한다!♡♥ 최정문 사랑한다!♡♥ 최정문 사랑한			44	0
6407176	최정문 사랑한다!♡♥ 최정문 사랑한다!♡♥ 최정문 사랑한다!♡♥ 최정문 사랑한			45	0
6407181	최정문 사랑한다!♡♥ 최정문 사랑한다!♡♥ 최정문 사랑한다!♡♥ 최정문 사랑한			35	0
6407154	최정문 사랑한다!♡♥ 최정문 사랑한다!♡♥ 최정문 사랑한다!♡♥ 최정문 사랑한			3	0
6407159	최정문 사랑한다!♡♥ 최정문 사랑한다!♡♥ 최정문 사랑한다!♡♥ 최정문 사랑한			3	0
6407164	최정문 사랑한다!♡♥ 최정문 사랑한다!♡♥ 최정문 사랑한다!♡♥ 최정문 사랑한			3	0
6407169	최정문 사랑한다!♡♥ 최정문 사랑한다!♡♥ 최정문 사랑한다!♡♥ 최정문 사랑한			3	0
6407174	최정문 사랑한다!♡♥ 최정문 사랑한다!♡♥ 최정문 사랑한다!♡♥ 최정문 사랑한			4	0
6407179	최정문 사랑한다!♡♥ 최정문 사랑한다!♡♥ 최정문 사랑한다!♡♥ 최정문 사랑한			22	0
6407157	최정문 사랑한다!♡♥ 최정문 사랑한다!♡♥ 최정문 사랑한다!♡♥ 최정문 사랑한			3	0
6407162	최정문 사랑한다!♡♥ 최정문 사랑한다!♡♥ 최정문 사랑한다!♡♥ 최정문 사랑한			3	0
6407167	최정문 사랑한다!♡♥ 최정문 사랑한다!♡♥ 최정문 사랑한다!♡♥ 최정문 사랑한			25	0
6407172	최정문 사랑한다!♡♥ 최정문 사랑한다!♡♥ 최정문 사랑한다!♡♥ 최정문 사랑한			34	0
6407177	최정문 사랑한다!♡♥ 최정문 사랑한다!♡♥ 최정문 사랑한다!♡♥ 최정문 사랑한			34	0
6407182	최정문 사랑한다!♡♥ 최정문 사랑한다!♡♥ 최정문 사랑한다!♡♥ 최정문 사랑한			24	0
6407155	최정문 사랑한다!♡♥ 최정문 사랑한다!♡♥ 최정문 사랑한다!♡♥ 최정문 사랑한			3	0
6407160	최정문 사랑한다!♡♥ 최정문 사랑한다!♡♥ 최정문 사랑한다!♡♥ 최정문 사랑한			3	0
6407165	최정문 사랑한다!♡♥ 최정문 사랑한다!♡♥ 최정문 사랑한다!♡♥ 최정문 사랑한			3	0

✓ 전체목록　개념글

<출처: http://gall.dcinside.com/board/lists/?id=baseball_new1&page=29525>

앞의 이미지는 스갤러로 추정되는 사람이 국내야구 갤러리(아갤)을 털었던 상황입니다. 게시물이 초당 수 개가 올라왔으며, 20페이지가 넘게 같은 내용으로 도배되었습니다. 2013년 스갤러들을 흥분시키는 사건이 일어났던 것입니다.

스타크래프트 프로게이머 중 만년 2인자로 불리던 홍진호 씨가 프로게이머를 그만두고 방송인으로 전향한 뒤, 한 예능 프로그램에서 경쟁 상대들을 전부 이기고 우승한 것입니다.

홍진호 씨는 임요환 씨와 함께 상당히 인기를 끈 프로게이머였습니다. 둘 사이에는 라이벌 구도가 형성되었고, 여러 차례의 대결을 통해 명경기들을 탄생시켰습니다. 하지만 중요한 경기에서 임요환 씨를 상대로 만난 홍진호 씨는 전부 패배하였고 만년 2인자라는 별명을 얻었습니다.

참고

사진에 도배된 글은 '최정문 사랑한다'는 내용인데, 이는 홍진호 씨가 우승한 예능 프로에서 같이 출연한 방송인 최정문 씨가 홍진호 씨에게 큰 도움을 주었기 때문입니다.

만년 2인자 홍진호 씨가 우승하자 홍진호 씨의 팬이었던 스갤러들은 환호하였는데, 일부 팬들은 기쁜 마음을 다른 갤러리 털기로 표현한 것입니다. 다른 곳을 털어 그곳이 마비되면 자신들이 해냈다는 성취감과 재미를 추구했던 것입니다.

또한, 스갤러들은 타인을 비난하고 조롱하는 것을 함께하며 그 분위기를 느끼는 데서도 재미를 느꼈습니다. 속칭 디스(깎아내리다, 경멸하다)를 즐겼으며, 자신들이 비난하며 즐길만한 사건이나 주제(속칭 떡밥)가 나오면 디스전(戰)을 펼쳤습니다.

디스전이 치열하게 전개되는 양상이 계속되었고, 결국 시간이 지나면서 수도 갤러리에서는 존중이나 배려를 찾아보기 힘들고, 욕설·반말·조롱을 사용해 상대방을 무시하고, 놀리고 또 거기에서 자신들만의 재미를 추구하는 경향을 띠게 되었습니다.

최근에는 김유식 대장이 자주 방문하는 것으로 유명해진 주식 갤러리가 각광받고 있는데, 주식 갤러리는 주식과는 전혀 상관없는 갤러리로 유명합니다. '주식 빼고 다 잘하는 주갤러'라는 문구가 이를 대변합니다. 정치나 사회문제를 합성물 등으로 재밌고 통쾌하게 풍자해 주목을 많이 받습니다. 다른 커뮤니티 회원들도 주갤에 들러 주갤러가 작성한 풍자물을 해당 커뮤니티에 퍼뜨리기도 합니다. '주갤발 유머, 주갤발 후기, 주갤발 오늘 드립'이라는 제목으로 전파되는데, 그만큼 디시의 주요 갤러리는 여전히 인터넷 세상에서 큰 영향력을 미치고 있습니다.

2. 연예인·드라마 갤러리

오늘날의 디시를 이끌어가는 큰 주축은 바로 연예인 관련 갤러리와 수많은 연예인들이 출현하는 드라마 관련 갤러리입니다. 디시는 최초에 연예인에 대한 갤러리는 존재하지 않았습니다. 그렇게 운영되어 오던 중 2004년, 배우 문근영 씨 팬들은 문근영 씨에 대한 사진을 올리고 공유하기를 반복하다가 급기야 김유식 대장에게 문근영 갤러리를 개설해 달라고 요청합니다. 요청을 받은 김유식 대장은 요청 글에 직접 댓글을 답니다.

> ↳ 김유식: 문근영 갤러리 신설에 동의하는 이용자 473명만 모아오시면 해드리겠어효~

농담을 섞은 댓글이었으나, 문근영 씨 팬들은 실제로 움직였습니다. 결국 문근영 갤러리가 연예인 관련 제1호 갤러리로 탄생되었습니다. 이후부터 디시는 추가적으로 연예인 갤러리들을 만들었습니다.

현재 연예인 관련 갤러리는 그 수부터 다른 갤러리들을 압도합니다. 이렇게 된 원인으로 김유식 대장의 입김이 강하게 작용했다고 보는 시각도 존재합니다. 김유식 대장이 걸그룹 소녀시대 태연 씨의 팬이었기 때문입니다.

여기서 한번 짚고 가야 할 인물이 바로 닉네임 '다빈치코드'입니다. 사람들은 다빈치코드와 김유식 대장과의 일화를 '김유식 대장 패배사건', '김유식 대장 관광사건'이라고 표현합니다.

관광시키다 ①

'상대방에게 굴욕을 느끼게 했다'는 의미로 쓰이고 있습니다. 비속어로 쓰이는 '발라버렸다'와 거의 같은 뜻입니다. 게임에서 비롯된 것으로 전해지는데, 영어권 국가에서 게임 중 공격을 당하면 공격당했다(Attacked) 대신 강간당했다(Raped)라는 비속어 표현을 썼다고 합니다.

이것을 따라해 국내에서도 게임 중에 공격을 당하거나 비참하게 패배한 경우 '강간당했다', 반대로 너무 쉽게 이기는 경우 '강간시켰다'를 사용하였는데, 인터넷의 무분별한 비속어, 욕설, 막말 사용 환경을 정화시키기 위해 비속어 차단 프로그램이 도입되면서 변화가 일어납니다. 비속어 차단 프로그램은 미리 비속어로 설정된 단어를 인터넷에서 사용하지 못하게 하는 프로그램입니다. 그에 따라 성적인 표현인 '강간'이라는 단어를 쓸 수 없게 되자, 네티즌들은 발음이 비슷한 '관광'으로 쓰기 시작했습니다.

즉, 다빈치코드가 김유식 대장에게 굴욕적인 패배를 선사했다는 것을 말합니다. 사건의 전말은 이렇습니다. 김유식 대장은 디시 직원으로 일하던 박유진 씨와 2005년 결혼했습니다. '솔로천국 커플지옥'을 외치던 김유식 대장의 결혼 소식은 디시인들에게 놀라움을 선사했는데, 게다가 아내가 될 사람이 한때 디시합성필수요소였을 정도로 유명세를 떨쳤었던 박유진 씨였다는 것에 놀라움은 배가 되었었습니다. 당시 디시 폐인들 중 박유진 씨를 모르는 사람은 거의 없었습니다.

박유진 씨도 디시의 관리 직원이었기 때문에 당연히 디시의 문화나 유행을 너무도 잘 알고 있었습니다. 그런데, 소녀시대의 열혈팬이었던 김유식 대장은 결혼 후에도 소녀시대 갤러리에서 속칭 덕후질을 계속합니다. 소녀시대에 대한 악플이 달리면 관리자 권한으로 삭제하고, 도배질 시도를 방지하는 것뿐만 아니라 다소 노골적으로 태연 씨에 대한 애정을 드러냈습니다.

다음은 태연 씨가 직접 갤러리 이용자들에게 감사 글을 쓴 게시물에 김유식 대장이 달았던 댓글입니다.

> ↳ 김유식: 샥샥~ 이곳 리플은 항상 깨끗하게 정리~
> ↳ 김유식: 감히 이곳에서 반복 도배질 용납 못합니다~! 불끈~!
> ↳ 김유식: 그래도 태연과 악수도 해봤다능~ㅋ
> ↳ 김유식: 우리 태연에게 악플 달면 태연 결혼할 때까지 차단이라능~
> ↳ 김유식: 태연은 제가 보호~ㅋ
> ↳ 김유식: 콘서트 가면 초대형 야광봉 조낸 흔들 거라능~

태연 씨의 팬클럽 회장과 견줄 정도로 열성적인 김유식 대장이었습니다. 결혼을 했음에도 아내인 박유진 씨가 아니라 태연 씨에게 애정을 보내는 것을 못 마땅히 여기던 다빈치코드는 김유식 대장에게 경고합니다. 박유진 씨에게 전화해 모든 상황을 말하겠다고 한 것입니다. 김유식 대장은 진담 반, 장난 반인 듯한 태도로 대응합니다.

> ↳ 다빈치코드: 김유식 씨, 정확히 3시에 박유진 씨 직통전화로 전화합니다.
> ↳ 김유식: 정확히 2시 58분부터 팀장회의 소집할 겁니다. 핸드폰은 두고 오라고 할 겁니다. ㅋㅋ
>   (박유진 씨는 당시 디시인사이드의 팀장이었습니다.)

김유식 대장의 작전이 실패한 것인지 다빈치코드는 박유진 씨와 전화통화에 성공합니다. 다빈치코드는 상황을 알리고, 소녀시대 갤러리를 확인한 후 확인 글을 올려달라고 합니다. 이후 박유진 씨는 김유식 대장이 남긴 댓글들을 모두 확인했고, 다빈치코드의 요구에 응답하듯 댓글을 남겼습니다.

> ↳ 박유진: 이러고 계셨군요.

다빈치코드에 일격을 당한 김유식 대장은 관리자 권한을 행사해 복수했다고 전해집니다. 다빈치코드는 게시물을 작성해 김유식 대장이 자신을 3년 동안 소녀시대 갤러리에 못 들어가도록 차단시켰다고 주장했습니다. 다빈치코드는 계속해서 제재를 받고 있다고 게시물을 올리다가, 결국 소녀시대 갤러리를 떠난다고 밝힌 후 디시에서 자취를 감춥니다. 다빈치코드는 자취를 감추기 전 앞으로 자신이 더 큰 일을 낼 것을 미리 암시했습니다.

> ↪ 다빈치코드: 김유식 사장님, 제가 지금 극비리에 준비하고 있는 게 있습니다. 곧 알게 되실 테니 기다려 주십시오. 저 다빈치코드 이렇게 죽지 않습니다.

다빈치코드는 위에서 공언한 것처럼 얼마 후 화려한 공적을 앞세워 김유식 대장의 환대 속에 디시로 돌아옵니다. 그 공적은 소녀시대 안티카페 접수였습니다. 당시 소녀시대 안티카페로 유명했던 소초안(소녀시대 초강력 안티카페)의 운영권을 획득해 카페를 없앤 것입니다. 김유식 대장이 소녀시대 팬인 것을 이용한 것입니다.

다빈치코드는 소초안에 위장잠입 해 소녀시대 안티 활동으로 소초안 카페의 운영권을 얻었고, 이후 카페를 소녀시대 팬 카페로 탈바꿈시켜 소녀시대 안티 카페를 없애버렸습니다.

사건이 있고 얼마 후 디시의 한 유저는 다빈치코드와 메신저를 통해 인터뷰를 하고, 해당 내용을 소녀시대 갤러리에 게재합니다. 이미 인터뷰 때부터 다빈치코드의 디시 전체에 대한 낚시질이 진행되었습니다.

다빈치코드의 인터뷰 게시물은 힛갤에 등극하는데, 이 모든 과정은 전부 다빈치코드의 철저한 계획 아래서 진행된 것이었으나, 이를 알아채는 사람은 없었습니다. 다빈치코드는 의도적으로 자신의 인터뷰 게시물이 힛갤로 등극할 수 있도록 거짓으로 인터뷰를 합니다. 일부러 욕설 등 거친 표현을 쓰고, 거짓으로 김유식 대장을 존경한다고 밝힙니다.

앞서 설명했듯이 힛갤로 등극시킬 게시물은 추천 수도 중요하지만 더욱 중요한 것이 디시 운영자들의 선택을 받아야 하는 것이기 때문에 다빈치코드는 김유식 대장을 존경한다고 거짓 인터뷰를 진행했던 것입니다. 자신의 인터뷰 게시물을 힛갤로 보내기 위해서. 박유진 씨 전화 사건으로 김유식 대장과 사이가 좋지 않았던 것을 대다수 디시인들과 운영진이 익히 알고 있었기에 치밀한 계획이 없었다면 다빈치코드가 꿍꿍이가 있어 거짓 인터뷰를 하고 있다는 것을 금방 알아챘을 것입니다.

다빈치코드는 자신이 김유식 대장을 존경하는 것을 표현하면서도 사실 알고 보면 김유식 대장을 조롱하는 작전을 펼쳤는데, 바로 '세로 드립'이었습니다. 세로드립은 가로로 쓰인 글의 첫 글자를 세로로 읽으면 원문에는 없는 새로운 의미, 그중에서도 주로 원 글의 내용과 반대되거나 대놓고 보여주기 껄끄러운 의미의 문장이 완성되는 일종의 암호문으로, 장난을 칠 때나 상대방을 일명 '낚을 때' 많이 사용합니다. 그럼, 다빈치코드가 어떻게 세로드립을 펼쳤는지 살펴보겠습니다.

<출처: http://gall.dcinside.com/board/view/?id=hit&no=5414&page=1>

앞의 이미지는 다빈치코드가 인터뷰 내용 중 세로드립을 펼친 부분입니다. 세로드립을 찾으셨나요. 다빈치코드가 말한 세로드립은 '김유식 바보 멍청이' 입니다. 사실은 정반대였지만, 세로드립인지 모르고 보면 다빈치코드는 정말 김유식 대장을 존경하는 것처럼 보입니다.

다빈치코드의 잘 짜인 계획대로 시간은 흘러갔고, 김유식 대장은 자신을 존경한다는 다빈치코드에 제대로 낚여 디시인사이드 사이트 메인 화면에 '옹골찬 개념 유저(다빈치코드를 지칭) 환영'이라는 문구를 사용하며 다빈치코드를 추켜세웠습니다. 이후 다빈치코드의 세로드립을 발견해 김유식 대장이 다빈치코드의 계획에 걸려들었다는 것을 밝혀내는 회원들이 늘어나게 되었고, 다빈치코드는 사건의 전말에 대한 글을 적습니다. 모두 조작된 것이었던 것을 밝히고 마지막을 이렇게 장식합니다.

유식 대장에게 바란다.
항복이라고 하길 바란다. 나의 승리다.

연예인이나 드라마 관련 갤러리는 계속 늘어났고, 이들 갤러리의 이용자들은 디시 안에서 자신들의 팬심을 마음껏 펼치고 있습니다. 연예인이 잘 나온 사진이나 멋진 장면을 올리면서 서로 공유하고 같이 좋아합니다. 또한, 자금을 모아서 선물을 하거나, 드라마 촬영장에 밥차를 보내는 오프라인 활동도 진행합니다.

연예인 관련 갤러리들은 자체적으로 갤러리 이용가이드를 만들어 갤러리가 분란에 휩싸이는 것을 방지하고 있습니다. 다른 연예인 갤러리와 싸움이 나면 서로의 갤러리에 들어가 욕설과 비난 게시물로 도배해 갤러리가 혼란스러워지고, 원활한 갤러리 이용이 어려워지기 때문입니다. 갤러리 활동에 문제가 생기면 회원들이 갤러리를 떠나고, 갤러리가 위기에 빠질 수 있어 이것을 경계하는 것입니다. 분란을 피하고 악플러의 유입을 막기 위해 연예인 갤러리에서는 줄임말이나, 신조어 사용이 두드러집니다. 연예인 갤러리를 활용하려면 이러한 줄임말이나 신조어에 익숙해져야 합니다. 그럼, 연예인 갤러리들에서 쓰이고 있는 줄임말이나 신조어 일부를 알아보겠습니다.

용어	해설
친목질 금지	회원들 간 친목 금지 연예인 관련 갤러리들은 대부분 회원들 사이에 친목을 금기시합니다. 이는 친목을 다진 몇몇 회원들로 인해 갤러리가 와해된다고 생각하기 때문입니다. 친목을 다진 회원들끼리는 아는 척을 하고 서로의 의견에 동조하며 활발히 활동하지만 그 사이에 들지 못한 사람들을 배척하기도 하고 서로 편가르기를 한다는 것입니다. 편가르기가 시작되면 분란이 일어나고 자연스럽게 회원이 하나둘 떠나가 결국엔 갤러리가 쇠퇴하는 것을 막고자 하는 것입니다.
닥눈삼	닥치고 눈팅 삼일(삼주, 삼개월) 신입 회원들에게 권유하는 것으로, 갤러리에 처음 들어오면 3일이나 3주 동안은 게시물을 작성하거나, 모르는 것에 대해 바로 묻지 말고, 이전 게시물을 확인하며 전반적인 분위기를 충분히 파악하라는 것입니다.
병먹금	병신에게 먹거리 금지 고의로 분란을 일으키는 사람들은 반박하고 관심을 줄수록 더욱 이상한 짓을 하며 날뛰는 성질을 가지고 있다며, 이를 막고자 그런 사람들을 발견하면 무관심, 무시하라는 것입니다. 반박하고 관심주는 것을 먹거리를 준다고 표현해, 먹거리를 금지, 무시하라는 것입니다.
셀털 금지	셀프 신상털이 금지 셀프 신상털이는 자신의 신상을 스스로 공개하는 것을 말합니다. 따라서 셀털 금지는 자신의 개인정보를 스스로 밝히지 말라는 것입니다. 예를 들면, '나 ○○에 사는 23살이고 ○○일 하고 있다'라고 자신에 대한 정보를 밝히는 것입니다. 금지하는 이유는 친목으로 이어질 수 있기 때문입니다. '나도 거기 사는데, 친구 하자'처럼 지역주의나 학연으로 인해 친목이 생길 가능성을 차단하는 것입니다.
셜리	설레는 리플 공감을 나타낼 때나 추천을 하고 싶을 때 사용하는 단어로, 주로 댓글에 많이 쓰입니다. 다음에 이어질 '개추'를 대신하는 기능으로 복습할 만한 자료는 아니나 공감이 가는 게시물에 개추 대신, 댓글에 '셜리'를 달라고 하는 것입니다.

용어	해설
개추	개념글 추천
	디시에서는 '좋아요(공감)' 기능을 하는 것이 '개념글 추천(개추)'입니다. 하지만 연예인 관련 갤러리에선 '개념글 추천'을 '좋아요'의 의미로 사용하지 말라고 합니다. 연예인 관련 갤러리에서 개추는 공감이 아니라 복습할 만한 보존 자료에 사용하라고 합니다.
궁예질	사람의 마음 등 어떤 것을 추측한다.
	궁예는 후고구려의 건국자입니다. 궁예는 자신이 관심법을 체득했다고 했던 인물인데, 관심법은 상대의 마음을 책 읽듯이 들여다보는 능력을 말합니다. '궁예=관심법'으로 대표되는데, 여기에 접미사 '질'을 붙여 추측하는 것을 '궁예질 한다'고 합니다. ex) 내가 봤을 때 연예인 ○○○은 성격이 나쁠거 같아.
찻내	찻집에 온 것처럼 화기애애한 말투나 화법을 사용하는 것
	존칭, 순진함을 내세우는 유저를 낮춰 부르는 것입니다. 네이버 카페나 다음 카페 이용자들이 카페 내에서 존칭을 쓰는 화기애애한 분위기를 표방한다며 그들을 낮춰 부르는 의미로도 쓰입니다. 애교나 여성스러움을 나타내지 말고, 디시는 디시답게 이용해야 한다며 반말 사용을 권장하고, 화기애애한 찻내는 지양해야 한다고 합니다.
금손	그리는 것, 만드는 것마다 멋진 게시물을 만드는 갤러
	연예인의 멋진 사진이나 합성물, 동영상을 만든 갤러를 금손이라 부르고, 만든 게시물을 금손짤이라고 합니다.
뉴비	갤러리에 아직 적응이 덜 된 신입
갤주	갤러리 주인 (소녀시대 갤러리 갤주는 소녀시대)
갤복	갤러리 복습 (뉴비들에게 권장하는 것)
념글	개념글
짹펌	트위터에서 퍼온 게시물
나노후기	아주 자세하게 적은 후기
스밍인증	스트리밍(노래) 인증. 해당 갤주의 노래를 듣는 것을 인증하는 것입니다. 서로 상부상조하자는 것인데, 예를 들면 박효신 씨의 팬이 젝스키스 갤러리에 젝키 노래 듣는 것을 인증하고, 박효신 씨 노래도 들어달라고 하는 것입니다.
케미	'서로 잘 어울린다'는 의미입니다.

용어	해설
공방	공개방송을 의미합니다.
과질	고화질을 의미합니다.
망갤	망한 갤러리를 의미합니다.
둥	뒷북을 칠 때 나는 소리로 늦게 자료나 정보를 전달하는 것을 뜻합니다. 즉, 뒷북치고 있다는 것입니다.
유스케	'유희열의 스케치북' 프로그램을 의미합니다.
이선좌	'이미 선택된 좌석입니다'라는 의미로 공연을 하는 연예인의 티켓 예매 시 '표를 구하기 어렵다'는 의미로 사용됩니다.
찍덕	사진 촬영 혹은 카메라에 빠진 덕후를 의미합니다.
퇴갤	갤러리에서 이만 퇴장하겠다는 것을 의미합니다.
애미질	이래라저래라 심하게 간섭하는 것을 의미합니다.
박제	스크린샷이나 캡쳐를 의미합니다.
괜싸, 팬싸	팬 사인회를 의미합니다.

3. 기타 취미 갤러리

게임이나 스포츠, 여행, 음식 등 취미와 관련된 갤러리도 움직임이 활발합니다. 최근에는 먹방 열풍이 불면서 음식과 관련된 갤러리의 움직임이 많은 편이고, 악플러도 한번 들어갔다가 선한 사람이 되어 나온다는 식물 갤러리도 지금까지 건재합니다. 여기서 한번 소개하고자 하는 갤러리는 바로 식물 갤러리입니다. 식물 갤러리는 디시 안에서 유일한 청정지역으로 인정받고 있는데, 그만큼 서로 존중하고 배려하는 문화를 가지고 있습니다.

존중과 배려는 디시답지 못한 문화라며 식물 갤러리 이외의 갤러들이 식물 갤러리에 들어가 욕설과 조롱으로 분란을 일으키려 시도하고 있으나, 악플러들도 따뜻하게 감싸 안아주는 식갤러들의 인성에 못 이기고 물러나게 됩니다.

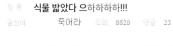

세상 모든 식물은 다 밟아주마! 으하하하~

이래도 욕 안 나와? 열받지? 으하하하 속으로는 개쌍욕하면서 글로는 가식가식 ㅋㅋㅋㅋ

가식쟁이 꼰대들아 매일매일 꽃 밟아서 식물갤 더럽혀줄게 으하하하~

<출처: http://gall.dcinside.com/board/view/?id=tree&no=159978>

    이처럼 식물갤을 화나게 하고 혼란을 일으키려는 공격에 식갤러들은 다음과 같이 답변합니다.

> ↳ 식물은 어차피 몇 번은 밟히게 되어 있습니다. 그로 인해 더 튼튼해지고 약한 것은 죽게 돼 결국 번식에 도움이 됩니다. 식물을 사랑해 주셔서 감사합니다.
>
> ↳ 저희가 욕하길 바라신다면 그렇게 해드릴 수는 있어요. 하지만 그러기는 싫어요. 저희 욕을 하시든, 가식으로 보시든, 상관없어요. 그렇지만 글 쓰신 분은 꽃을 밟고 나서 사진을 찍기까지 한 치의 망설임도 없으셨나요? 하나의 생명을 못살게 구시고 아무런 감정이 없으셨다면 당신은 가엾은 사람이에요.

    인자한 성품의 식갤러들의 활동 덕분에 식물 갤러리는 디시 안에서 유일하게 평안함을 얻을 수 있는 곳으로 널리 알려지게 되었고, 가수 데프콘 씨도 방송에서 마음이 허할 때 식물 갤러리를 간다고 밝혀 이목을 끌었습니다.

또 다른 취미 활동으로 유명했던 갤러리는 카툰 연재 갤러리(카연갤)가 있습니다. 이곳은 유명한 만화가를 많이 배출한 곳이기도 합니다. 김풍, 이말년, 기안84 모두 디시 카툰갤에서 활동을 시작한 뒤 많은 인기를 끌게 된, 디시가 배출한 만화가입니다.

이처럼 갤러리들은 갤러리별로 전부 각양각색의 특색을 가지고 있습니다. 따라서, 디시의 갤러리를 한 가지로 정의 내리기 힘든 상황입니다. 지금도 갤러리가 생겨나고 새로운 문화가 생겨나는 곳이 디시이기 때문입니다. 갤러리별로 존재하는 독특한 문화를 알아가다 보면 어느샌가 디시에 적응한 자신을 발견할 수 있고, 재밌는 디시질을 할 수 있습니다.

엄청난 활동력

디시는 다른 커뮤니티에서 엄두도 못 낼 정도의 활동력을 보입니다. 디시의 이러한 활동력은 디시가 온라인 커뮤니티의 문화를 이끄는 역할을 할 수 있도록 합니다.

또한, 빠른 정보 공유를 가능하게 하고 사회·문화 등 모든 영역에 영향을 주고 있습니다.

디시는 하루에 평균적으로 50만 개 이상의 게시물이 작성되고 댓글도 백만 개 이상이 달립니다. 물론 무가치한 게시물과 댓글도 있지만 활동력 자체가 엄청나다는 것은 부인할 수 없습니다. 활동력이 많다 보니 정치·사회·경제 분야를 막론하고 사회적으로 많은 영향을 끼쳤습니다. 전문분야에 대한 전문가들의 활동도 두드러졌습니다. 대표적인 예가 과학 갤러리 이용자의 황우석 박사 논문 표절 의혹 제기입니다.

황우석 박사는 배아줄기세포 배양에 성공했다고 알려져 세계적인 관심을 받았었습니다. 배아줄기세포는 사람의 모든 신체로 자랄 수 있는 세포를 말하는 것으로, 배아줄기세포를 만든 것은 당시 의료계와 과학계에서 획기적인 기술력으로 인정받았었습니다. 불치병, 난치병을 치료할 수 있다는 믿음이 퍼져나가면서 황우석 박사는 그야말로 대한민국의 영웅 대접을 받았습니다. 당시 대통령이었던 노무현 전 대통령도 황우석 박사의 연구실을 직접 방문해 노고를 격려했고, 대한항공은 황우석 박사에게 10년간 대한항공 비행기 최상위 클래스 좌석을 무료로 이용하게 하는 후원을 제공할 정도였습니다.

황우석 박사에 대한 기대치가 한껏 올라가 있을 때, 디시의 과학 갤러리(과갤)에는 황우석 박사의 배아줄기세포 연구에 대한 의혹을 제기하는 과갤러가 나타났는데, 최초에는 제대로 된 설명 없이 황우석 박사 연구에 의혹이 있다는 정도의 뉘앙스로만 언급이 되었습니다. 이후 MBC PD수첩에서 황우석 박사의 연구 의혹에 대해 보도하였으나, 정치권을 비롯해 대부분의 사람들은 오히려 MBC PD수첩을 비난하며 황우석 박사를 옹호했습니다.

이런 상황임에도 한 과갤러는 황우석 박사의 논문 조작 의혹을 과학 갤러리에 게재합니다. 과학 갤러리 이용자답게 사진과 자세한 과학적 설명이 뒤따랐고 논란은 증폭되었습니다. 결국 황우석 박사 논문들에 대한 진상조사가 이루어졌고, 논문이 조작되었다고 결론나며 온 국민이 충격에 빠졌었습니다.

이처럼 디시에서는 속칭 떡밥(화제거리, 이야기거리)이 던져지면 왕성한 활동력을 보이고, 활동력은 오프라인으로까지 영향력을 미치기도 했는데, 당연히 온라인상 영향력은 오프라인보다 더욱 컸습니다. 온라인상에 끼친 영향력을 알 수 있던 사건으로는 코갤러들의 아프리카tv BJ 공격 사건을 들 수 있습니다.

아프리카tv는 인터넷 방송을 하는 곳입니다. 누구든지 쉽게 컴퓨터나 스마트폰으로 자신의 개인 방송을 할 수 있습니다. 방송하는 사람을 BJ(Broadcating Jockey)로 부르는데, 인기 BJ들은 팬들도 많습니다. BJ들은 방송을 하면서 사이버머니인 별풍선을 시청자들로부터 받아 수익을 냅니다. 시청자들은 별풍선을 구매해서 자신이 좋아하는 BJ나 좋아하는 방송에 대해 별풍선을 쏩니다. BJ들에게 별풍선 1개는 대략 60원에서 70원 정도가 되는데, 인기 BJ들은 1달에 수억 원을 벌기도 합니다. 아프리카tv는 BJ들의 다양하고 재미있는 방송으로 인기를 끌었는데, 동반하여 문제점도 나타나기 시작했습니다.

일각에서 별풍선을 받기 위해 선정적인 방송을 하거나, 범죄 행위를 실시간으로 방송하는 행위들이 그것입니다. 이렇게 일부 아프리카 BJ들이 별풍선만을 얻기 위한 방송을 한다며, 불만을 가진 디시 갤러들이 출현하기 시작합니다. 바로 디시의 수도로도 불렸던 코미디프로그램 갤러리 유저(코갤러)들이었습니다. 코갤러들은 BJ들이 정당한 노동을 하지 않고 편하게 앉아서 돈을 번다며 BJ들을 비난했습니다. 이들은 BJ를 별창이라고 불렀는데 별창은 별을 갈구하는 창녀 정도로 해석됩니다. 즉, 돈을 얻으려고 몸을 파는 창녀나 별을 얻으려고 옷을 벗는 BJ나 다를 것이 없다는 인식이었습니다.

코갤러들은 아프리카 BJ들을 그냥 두지 않았습니다. 방송 중인 BJ의 채팅창에 들어가 욕설로 도배를 하거나, 기술적으로 해킹해 방송을 마비시켰습니다. 또한, 관리자 권한을 얻어내 방송을 시청하는 시청자들을 강제로 퇴장시키거나 방송에 야한 동영상이 나오도록 하고, 심지어는 BJ의 과거를 조사해 밝히는 신상털이도 진행했습니다.

이렇게 디시 갤러들은 떡밥이 생겼을 경우, 힘을 모아 자신들의 존재를 인식시켜주려 하고 자연스레 활동력도 많아지는 특성을 보입니다.

지금까지 디시의 특징을 살펴보았습니다. 사실 디시가 예전만 못하다는 평들이 많습니다. 많은 커뮤니티 사이트들이 생겨나면서 디시 갤러들이 다른 커뮤니티들로 흩어지고, 내부적인 분란으로 예전만큼의 영향력을 끼치진 못하고 있지만, 아직도 디시는 잘 운영되고 있으며 앞으로도 인터넷 문화를 이끌어 나갈 것으로 보입니다.

디시의 흐름과 특징만 알아도 사실 다른 커뮤니티들의 특징이나 분위기를 익히고 알아가는 데 어려움이 없을 것입니다. 그만큼 디시는 다른 커뮤니티들의 아버지 격으로 볼 수 있습니다.

디시인사이드 정보 검색 TIP

디시는 많은 수의 갤러리와 디시 뉴스, 디시 위키 같은 다양한 서비스를 제공합니다. 따라서 처음 디시를 방문한 네티즌들은 디시를 제대로 활용하기 어려운 부분이 있습니다. 디시 이용에 원활할 수 있도록 몇 가지 TIP을 소개하려합니다. 이것을 통해 디시인사이드 이용이 수월해지기를 바랍니다.

1. 월간 디시 활용하기

월간 디시는 디시 운영진에서 한 달 동안 디시에서 일어난 이슈, 트렌드, 소식을 한데 모아 정리한 것입니다. 아무래도 갤질에 내공이 상당한 디시 운영진들이 한 달 동안 디시 전역에서 일어난 일들을 고르고 고른 뒤, 재밌거나 화제성 있는 게시물들만 모아 만든 것이기 때문에 많은 양의 정보가 생산되는 디시에서 신입들도 정보를 취득하는 데 유용하게 활용할 수 있는 서비스입니다.

월간 디시는 이슈 키워드, 이달의 BEST, 갤러리 순위, 신설 갤러리, 흔한 디시의 갤러 등을 다룹니다.

이슈 키워드는 주로 그 달에 이슈(떡밥)에 대한 디시 갤러들의 활약을 소개합니다. 물론, 그렇지 않고 디시에서 새로 선보이는 서비스 등 다른 것을 다루는 경우도 있습니다. 이슈 키워드를 통해 그달의 이슈가 무엇이었는지, 또 디시 갤러들은 그 이슈에 어떤 생각과 의견을 보이는지를 확인할 수 있습니다. 이달의 BEST는 힛갤과 초개념갤 중에서 관심을 많이 받은 게시물을 소개합니다.

흔한 디시의 갤러 카테고리는 유머에 코드가 맞춰져 있습니다. 힛갤, 초개념갤 이외에 재밌는 게시물을 소개하는 곳입니다. 이처럼 월간 디시는 한 달을 모아서 요약한 요약집입니다. 월간 디시를 살펴보는 것만으로도 많은 정보를 얻을 수 있고, 신입 디시 갤러들에게는 디시의 분위기를 파악할 수 있는 좋은 방안입니다. 매월 나오는 월간 디시는 꼭 읽어보기를 권합니다.

2. 개념글 활용하기

디시인사이드에서 '좋아요'의 기능을 하는 것은 '개념글 추천(개추)'입니다. 각 갤러리별로 일정 기준 이상의 개추를 받은 글들을 모아 놓은 곳이 개념글 페이지입니다. 개념글들을 모아 놓은 곳으로 들어가려면, 해당 갤러리 페이지 하단에 개념글을 클릭하면 됩니다.

일단 일정 수준 이상의 추천을 받은 게시물들만 있기 때문에, 해당 갤러리 갤러들이 주목하고 있는 게시물이 어떤 것인지 알 수 있습니다. 다르게 말하면 무가치한 게시물이 걸러진 곳이기도 합니다. 따라서 개념글 페이지는 갤러리에 들어가면 제일 먼저 방문하는 것이 좋습니다. 그날그날의 이슈가 매일 달라지는 환경에서 쉽게 화제거리를 파악하고 분위기를 읽을 수 있는 공간이기 때문입니다. 또한, 개념글은 글리젠율이 높을 경우 유용하게 활용할 수 있습니다. 순식간에 신규 게시물들이 뒤 페이지로 넘어가 확인할 수 없는 경우에 유용하게 활용할 수 있다는 의미인데, 먼저 글리젠율에 대해 알아보겠습니다.

글리젠(글리젠율)   ⓘ

글+리젠을 합해 만든 신조어입니다. 리젠(regen)은 regeneration의 줄임말로 재생이나 부활을 의미합니다. 즉, 글리젠율은 글이 게재되는 속도를 뜻하며, 글이 게재되는 속도가 빠를 때 '글리젠 폭발', '글리젠 엄청나다'라는 식으로 쓰이고, 속도가 늦어지면 '글리젠 최악', '글리젠 죽었다'라고 쓰입니다. 디시에서는 글리젠이 없는 갤러리를 '정전 갤러리(정전갤)', '망한 갤러리(망갤)'로 부르며 갤러들의 활동이 거의 없는 갤러리를 말합니다.

글리젠율이 높으면 글이 순식간에 뒤 페이지로 넘어가면서 필요한 게시물을 발견하지 못할 수도 있는데, 뒤 페이지로 넘어가더라도 일정의 추천을 받으면 개념글로 등재되기 때문에, 개념글 페이지에서 확인할 수 있습니다.

3. 갤로그 활용하기

갤로그는 '갤러리+블로그'를 합친 것으로, 회원가입을 해야만 이용할 수 있는 서비스입니다. 디시 안에서 작성한 글이나, 댓글을 한 번에 모아볼 수 있는 서비스로, 자신뿐만 아니라 다른 회원의 글이나 댓글을 한 번에 볼 수 있습니다.

회원가입을 해야 하는 번거로움이 있지만, 갤로그를 사용하는 것은 그렇지 않을 것보다 효율성 측면에서 상당한 이득을 볼 수 있으므로, 사용하는 것을 권합니다. 그럼 갤로그의 화면구성과 내용을 알아보겠습니다.

① 작성한 게시물을 모아 놓은 곳입니다.

② 갤로그에 작성한 글을 보는 곳입니다. 갤로그는 기본적으로 갤러리에서 활동한 것들을 모으는 기능을 하나, 블로그처럼 갤로그 자체에도 글을 작성할 수 있습니다.

③ 작성한 댓글을 모아 놓은 곳입니다.

④ 스크랩한 게시물들을 모아 놓은 곳입니다.

⑤ 작성한 글의 수를 나타내는 곳으로, [작성 글 수 / 작성 댓글 수]를 뜻합니다.

이로써, 인터넷 문화의 시조격인 디시인사이드에 대한 설명을 마감하려고

합니다. 디시인사이드를 처음 접하거나 사용을 하시려는 분들에게 작은 도움
이 되었기를 바랍니다.

오늘의유머
(오유)

오늘의유머 메인 페이지 소개

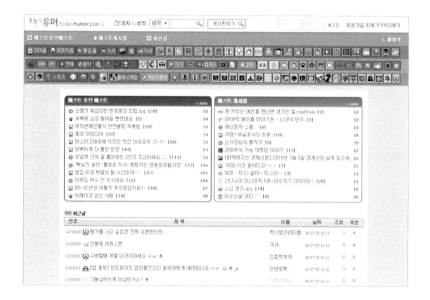

오늘의유머 메인 페이지 상단에는 모든 게시판을 한번에 보여주고 있습니다. 게시판이 많으면 대부분 상위 카테고리를 구성하고 그에 상응하는 게시판들을 하위에 배치하는 방식을 취하나, 오유는 모든 게시판을 아이콘으로 한번에 표현합니다.

중간에는 오유의 메인 게시판으로 볼 수 있는 베오베, 베스트, 최신글 이렇게 3개의 게시판에 대한 글을 볼 수 있는 화면을 제공합니다. 하단에는 검색창과 함께 공지사항이나 게시물 신고 등 오유의 운영과 관련된 게시판이 자리잡고 있습니다.

오늘의유머 역사

오늘의유머는 1999년 9월 인포메일의 부속 사이트로 시작했다고 알려집니다. 독자적인 사이트 없이, 신청한 사람들의 이메일로 재밌는 자료들을 모아 전송하는 것이 오유의 첫 출발이었습니다.

인포메일　　　　　　　　　　　　　　　　　　　　　　　(!)

회원이 관심 있는 분야에 대한 정보를 간추려 매거진 형태로 작성, 이메일로 보내주는 일명 '메일 매거진'을 제공하는 사이트

이후, 홈페이지를 제작해 게시판을 만들어 유머 글을 서로 공유하도록 변화하면서 메일을 보내주는 서비스는 중단하게 되었습니다.

수익상의 문제로, 드림위즈·파란 등 포털 사이트들과 같이 협력을 하다가, 2010년부터 독자적으로 사이트를 운영하게 됩니다.

주요 게시판 소개

오늘의유머는 디시 갤러리 양에는 못 미치지만 상당히 많은 게시판을 운영하고 있습니다. 디시 갤러리처럼 회원들의 의견을 들어가며 다양한 주제의 게시판을 만들다 보니, 지금처럼 많아졌습니다. 지금도 여전히 회원들의 요청에 따라 새로운 분야의 게시판을 만들기도, 또 기존 게시판의 주제를 바꾸기도 합니다.

수많은 게시판을 운영하는 만큼 사용자들에게 추천을 받은 게시물을 편리하게 볼 수 있도록 제공하는 것에 신경을 쓰고 있습니다. 각 분야별 베스트 게시판, 베스트 오브 베스트 게시판뿐만 아니라 분야를 막론한 베스트, 베스트 오브 베스트 게시판 운영 등, 사용자들이 편리하게 인기 게시물을 볼 수 있도록 하는데 노력을 기울이고 있습니다.

1. 최신글 게시판

분야를 막론하고 최신 게시물을 볼 수 있는 곳입니다. 여러 게시판에서 실시간으로 작성되는 글들을 한곳에서 볼 수 있는 것입니다. 게시글 앞에는 해당 글이 어떤 게시판에서 작성된 글인지를 나타내는 아이콘이 표시됩니다. 한 가지 애로점은 해당 게시판을 나타내는 아이콘이 주제와 다소 동떨어진 모양을 취한 경우가 있어 처음 오유를 접하는 사람들이 혼란을 겪을 수 있다는 점입니다. 따라서 아이콘들이 어떤 게시판을 나타내는지 소개하겠습니다. 모두 소개하지는 않고, 주요 게시판 위주로 소개하겠습니다. 또한 아이콘의 모양이나 아이콘이 나타내는 게시판이 추후 개편 등의 이유로 바뀔 수 있음을 참고해주세요.

- **오늘의유머** 게시판 아이콘 소개

	유머자료		좋은글		시사
	경제		자유게시판		과학
	뷰티		애니메이션		오버워치(게임)
	고민		연예		동물
	만화		패션		컴퓨터
DIY	DIY(Do It Yourself)		멘붕		예능
	음악		연애		결혼생활
	사진		지식		요리
	다이어트		던전앤파이트(게임)		게임토론
	무한도전(예능)		법률		음향기기
	유머글		축구		자랑
	여행		자동차		음악찾기
	세월호	외드	외국드라마	드라마	국내드라마
	스포츠		육아		심리학
	공포		인테리어		영화
	커피 & 차		카메라		프로그래머

2. 베스트 게시판

각 게시판의 게시물이 추천수 10(비공감 3 이하)이 되면 자동으로 옮겨지는 곳입니다. 비공감수가 추천수를 초과하면 베스트 게시판에서 삭제됩니다.

게시물 작성 → 추천수 10(비공감 3↓) → 베스트 게시판

베스트 게시판 첫 페이지에는 분야 구분 없이 베스트 게시판으로 이동된 가장 최신 게시물부터 시간별로 나열됩니다. 즉, 통합 베스트 게시판으로 보면 됩니다. 또한, 시간별 나열에 그치지 않고 게시판별 베스트 게시판 페이지를 운영해, 게시판별 인기 글을 바로 확인할 수 있도록 서비스를 제공하고 있습니다.

위의 이미지는 베스트 게시판 상위에 위치한 베스트 게시판 안내입니다. 하단을 보면, 게시판별 베스트에 대한 아이콘들이 있습니다. 아이콘을 클릭하면 해당 게시판의 베스트 게시물을 모아놓은 페이지로 이동하게 됩니다.

베스트 게시판으로 옮겨진 게시물들은 베스트 오브 베스트 게시물이 될 수 있는 후보라는 점에서 오유 유저들로부터 관심을 받게 되며, 일정 수준의 추천을 더 받은 게시물은 베스트 오브 베스트 게시판으로 옮겨지게 됩니다.

또한, 베스트 게시판 하위에 '오늘의 베스트' 게시판을 운영하는데, 오늘의 베스트 게시판은 그날 하루 동안의 베스트 게시물을 추천수가 높은 순으로 재배열한 곳입니다.

번호	제 목	이름	날짜	조회	추천
1360972 손ː	⚲ ✎	탱구왔서현	17/01/03 00:23	1342	151
1360984 유	ㄷㄷ [8] ⚲✎	cts450	17/01/03 00:56	1057	138
1361008 박		세상루저	17/01/03 02:15	948	137
1361024 덴ː	[3]	Chrispy	17/01/03 03:43	829	135

위 이미지는 '오늘의 베스트' 게시판 페이지 일부입니다. 추천수가 높은 게시물부터 위에서부터 차례대로 정렬되는 것을 볼 수 있습니다. 하단에는 날짜별

오늘의 베스트 게시물을 검색할 수 있도록 서비스를 제공합니다. 과거 그날의 베스트 글들을 볼 수 있도록 하는 것입니다.

이미지를 보면 날짜별 아이콘이 있는데, 해당 아이콘을 클릭하면 그날의 오늘의 베스트 글들을 볼 수 있습니다.

3. 베스트 오브 베스트(베오베)

베스트 오브 베스트 게시판으로 게시물이 옮겨지는 기준은 추천수 100(비공감 10 이하)으로 정해져 있었으나, 2016년 1월 운영자가 공지를 통해 추천수 기준의 하향을 알렸으며, 지금은 기준 추천수가 50개로 추정됩니다. 하지만 언제든 변동될 수 있습니다. 비공감수가 추천수를 초과하면 베오베 게시판에서 삭제됩니다.

일명 '베오베'로 불리는 게시판으로 오늘의유머 메인 게시판으로 볼 수 있습니다. 디시의 힛갤처럼 관심을 받고 일부 오유 유저들은 널리 퍼뜨리고자 하는 게시물이 있을 경우 추천 버튼과 함께 '베오베로 보냅시다'라는 댓글을 달아 다른 유저들의 추천을 이끌어 냅니다. 이 말속에서 알 수 있듯이 베오베는 오늘의유머를 대표하고 있습니다. 베오베 게시판도 베스트 게시판과 마찬가지로 첫 화면은 게시판별 구분 없이 시간 순서로 나열되어 있습니다. 역시나 게시판별 베오베 게시판 페이지도 운영하고 있습니다.

★★★★★ **베스트 오브 베스트**
▶ 베스트 오브 베스트는 베스트 게시물 중에서 추천수가 높은 게시물이 자동으로 옮겨지는 곳입니다. 비공감수가 추천수를 초과하면 베스트 오브 베스트에서 삭제됩니다.
　제목 왼쪽에 있는 아이콘은 이 게시물이 원래 어느 게시판에서 처음 등록된 게시물인지를 표시해주고 있습니다.

게시판별 베오베
(기타 게시판별 베오베는 각 게시판에 링크가 있습니다.)
목록의 아이콘을 클릭하시면 해당 게시판의 베스트 게시물이 열립니다.

4. 베스트 30

모바일 버전(휴대폰)에서만 지원하는 게시판입니다. 베스트 게시물 중 최근 30개의 게시물을 추천순으로 나열한 곳입니다. 인터넷 버전의 오늘의 베스트와 유사하나, 오늘의 베스트는 하루치의 베스트 게시물을 대상으로 하는 반면, 베스트 30은 최근 30개의 게시물을 대상으로 한다는 점이 차이점입니다. 모든 분야의 최신 베스트 게시물을 확인할 수 있고, 화면 하단에 다음 페이지를 누르면 과거의 베스트 30도 확인할 수 있습니다.

5. 시사 게시판

정치 분야에 대한 게시판입니다. 과거 오늘의유머 운영자 공지에서 확인할 수 있는 사실이기도 하지만 오유에서는 시사 게시판이 아주 중요한 게시판입니다.

2015년 10월 중순 이후 지금까지 베스트, 베오베의 시사 게시판 점유율이 낮게는 30%에서 많게는 70~80%까지 나옵니다. 대선, 총선 등 특정 정치 이슈가 있을 때 시사 게시판의 점유율이 높은 것은 당연하고 자연스러운 결과이지만, 이런 상황이 반년 가까이 지속하다 보니 '오유는 정치 사이트'라는 인식이 안팎으로 공고화되는 과정을 지켜보고 있습니다.

<2016. 4. 6. 운영자 공지 中>

정치 분야에 대한 의견 교환이 활발하게 이루어지고 있으며, 이를 반영하듯 유저들 사이에 많은 논쟁이 일어나기도 합니다. 이에, 다른 게시판에서 볼 수 없는 운영자의 강력한 유의사항을 볼 수 있습니다. 실제 앞의 운영자 공지처럼 오유는 시사 게시물의 비중이 다른 분야의 게시물을 압도합니다. 처음 유머 커뮤니티로 시작한 것이 맞는지 싶을 정도로 정치 관련 게시물의 비중이 높은 것이 사실입니다. 오유에 상주하면 오늘 하루 일어난 대한민국의 정치 관련 소식은 빠짐없이 볼 수 있다는 말도 떠돌 정도입니다. 또한, 보수 정당에 대한 반감을 다소 노골적으로 드러내는 곳으로도 유명합니다. 진보 정당의 일부 국회의원들도 직접 오유에서 활동을 한다고 알려지며, 정치적 사안으로 보수 정당과 마찰이 있으면 오유에 도움을 요청하기도 하고, 진보 정당에 대한 지지를 부탁하기도 한다고 알려져 있습니다.

시사 게시판은 하위에 '시사아카이브' 게시판을 운영합니다. 시사 게시판을 보조하는 곳으로, 일반적인 시사정보 또는 시사상식을 올리기 위한 곳이며, 시사정보에 대한 기록 저장소로서의 기능을 위한 게시판입니다.

오늘의유머 특징

- **오유인들이 함께 만드는 커뮤니티**

  오유 유저들은 운영자와 더불어 커뮤니티 운영에 대한 의견을 교환, 사이트를 함께 만들어가는 분위기

- **출처 표시 민감**

  일각에서 오유인들을 선비라고 지칭할 정도로 오유는 인터넷에서도 격식과 예의를 갖추려 노력하는 분위기가 엿보이는데, 이것을 반영한 듯 글을 적을 때도 출처 표시(일종의 인터넷 예의)를 중요시

- **깨끗한 토론 문화를 위한 노력**

  '콜로세움'이라 불리는 토론논쟁이 적잖이 일어나는데, 이 경우에도 가급적 비난·욕설 없이 논리적인 토론을 하려고 노력하는 분위기

오늘의유머는 다양한 유머자료와 정보 교류로 네티즌들의 관심을 받아오다가, 지난 2012년 18대 대선 당시 국정원 여직원이 여론 조작을 위해 활동한 커뮤티니로 알려지며 더욱 유명세를 떨쳤습니다.

진보 성향을 가진 네티즌들이 주로 활동하는 무대로 익히 알려져 있으며, 실제 시사 게시판 이용자들 중 일부는 본인이 진보 성향 정당의 권리당원임을 나타내며 진보 정당에 대한 의견을 내기도 합니다. 따라서 극우 성향으로 평가받는 일간베스트저장소(일베) 유저들과 사이가 좋지 않고, 서로를 일베충, 씹선비라 부르며 비난하는 분위기입니다.

오늘의유머 유저들은 서로 존댓말을 기본으로 하며, 인터넷에서의 상호존중 문화를 지향합니다. 아무리 익명의 인터넷 세상이지만 지킬 것은 지켜야 한다는 원칙을 중시합니다.

함께 만드는 커뮤니티

오유인들은 길게는 10년 넘게 오유를 이용하며 운영자와 함께 사이트를 만들어 왔습니다. 운영자도 오유인들이 원하는 커뮤니티를 만들기 위해 사이트 운영에 대한 오유인들의 의견을 반영해 커뮤니티 기능들을 개선하고 있습니다. 운영자와 오유인들 사이의 양방향 소통이 원활합니다.

오유는 사이트 운영에 대한 회원들과의 소통을 위해 운영과 관련된 게시판들을 운영합니다. 현재는 4개의 게시판이 사이트 운영과 관련된 의견을 교환하는 게시판으로 볼 수 있습니다.

공지사항, 운영진에게 바란다, 오유운영 게시판, 게시판신청 게시판 이렇게 4개의 게시판이 운영과 관련된 게시판으로 볼 수 있으며, 다른 커뮤니티에 비해 비교적 관심을 더 기울인다는 느낌을 받게 합니다. 이렇게 오유에서 오유인들과의 소통을 중시하는 이유는 사이트 운영자가 1명이기 때문입니다. 오유 운영자 이호철 씨는 혼자서 오유의 첫 시작부터 지금까지 커뮤니티를 이끌어온 것으로 알려지는데, 아무래도 운영진의 수가 다수인 곳보다는 더 자주 회원들과 소통했어야 했을 것입니다. 혼자 운영하기 때문에 운영진의 역할을 회원들에게 기대한 것으로 보입니다. 그럼 운영자가 사이트에 대한 오유인들과 소통창구로 이용 중인 게시판들을 알아보겠습니다.

게시판	내용
공지사항	오유 운영에 관한 공지사항을 올리는 곳으로, 게시물은 운영자 이호철 씨만 쓸 수 있습니다. 2003년부터 시작된 공지사항 게시물이 전부 모여 있어, 오유의 변천 과정을 알 수 있습니다. 현재 1,000개가 넘는 공지 게시물이 등록되어 있으며, 사이트의 기능적인 측면 이외에도 오유와 관련된 논란이 발생한 경우 그것에 대한 운영자의 입장을 나타내고 오유인들의 의견을 묻는 곳이기도 합니다.
운영진에게 바란다	불만사항이나 건의사항, 궁금점을 글로 적어 운영자에게 보내는 곳입니다. 게시판 형태는 아니며, 이메일을 보내는 것과 같은 형식으로, 글을 적은 뒤 '보내기' 버튼을 눌러 운영자에게 전송하는 방식입니다. 삭제가 필요한 게시물이나 댓글이 있을 경우, 그것을 신고하는데 쓰이고 있습니다.

게시판	내용
오유 운영게시판	오유 운영에 대한 건의와 오유의 나아갈 방향을 위한 제안, 오유의 문제점 지적 등 오유의 운영 전반에 대한 토론 게시판입니다. 향후 사이트를 개편할 '작업리스트'를 공지해 변화를 예측할 수 있게 서비스도 제공합니다.
게시판신청 게시판	새로운 게시판 개설 신청을 받는 곳입니다.

민감한 출처 표시

오유는 다른 커뮤니티보다 출처에 민감한 분위기를 볼 수 있습니다. 글 작성 시 출처를 표시하라는 것 외에도 '출처보완' 기능을 만들어, 작성자가 제시한 출처보다 더 확실한 출처가 있는 경우나, 작성자가 출처를 잘못 올린 경우 이를 바로잡을 수 있도록 해 출처를 나타내는 것에 굉장히 민감한 모습을 보여줍니다.

오유 운영자는 출처 기능에 대한 몇 차례의 개편을 통해 오유인들의 출처 제시에 대한 만족도를 높였습니다. 출처를 더욱 명확히 하기 위해 '출처보완'이라는 기능을 추가하였고, 이후 출처보완에 대한 추천과 신고를 가능하도록 개선해 양질의 출처를 제공하는 것이 가능하도록 했습니다.

출처	최초 글을 적을 시 출처를 밝히는 곳
출처 보완	원 출처 이외에 더 나은 출처나 올바른 출처 추천 신고

출처 보완에 있는 추천 기능은 더 좋은 출처를 찾은 것에 대한 노력을 보상해주는 의미가 담겨 있으며, 신고기능은 출처보완에 엉뚱한 출처를 제시해 다른 오유인에게 골탕을 주거나 장난을 치려는 목적의 활동을 막기 위한 것입니다. 출처 제시를 인터넷에서 지켜야하는 일종의 예의범절로까지 생각하는 분위기를 느낄 수 있습니다. 이렇게까지 출처에 대한 기능을 신경 쓰게 된 것도,

사실 오유인들의 토론이 크게 기여했습니다. 오유인들은 불법 복제로 인한 저작권 문제를 온라인에서 반드시 지켜야 할 상도덕이나 예의로 여깁니다. 한 오유인은 댓글에도 다른 커뮤니티나 SNS에서 사진 등을 퍼오는 경우가 있는데, 댓글에도 출처를 표시해야 되지 않냐는 의견을 나타내기도 합니다. 어디가 되었든 간에 자신의 창작물이 아닌 것은 모두 출처를 표기해야 한다는 의견에서 오유인들의 원칙주의적인 성향도 엿볼 수 있습니다.

올바른 토론 문화 정착

오늘의유머는 어떤 사안에 대한 토론과 논쟁이 빈번히 일어납니다. 오유인들은 이러한 토론 논쟁을 콜로세움이라고 일컫습니다. 콜로세움은 고대 로마 시대의 원형 경기장인데, 토론 논쟁이 마치 콜로세움 안에서 싸우는 것과 비슷한 느낌인 것에서 유래되었다고 전해집니다. 치열하지만 근거 없는 욕설·비방을 자제하며 올바른 토론 문화를 정착하려는 오유인들의 노력이 계속되고 있습니다.

일각에서 선비라고 불릴 정도로 매너와 예의를 중시하는 오유인들은 서로 존댓말을 사용하며, 토론에 임해서도 매너와 예의를 중시합니다. 콜로세움이 발생한 경우, 댓글을 통해 자신의 주장을 펼치는데 댓글에도 추천과 비공감, 신고기능이 있습니다. 인신공격, 근거 없는 비하 같은 의견은 비공감과 신고기능으로 자정을 합니다. 또한, 운영자도 공지사항을 통해 인신공격이나 욕설이 난무한 댓글에 대해 강력한 조치를 취하겠다는 의사를 수차례 나타냈었습니다.

▶ 경고합니다. 특히 욕설 그리고 상대방에 대한 인신공격성 발언에 대해서 강력한 조치를 취하겠습니다.

<2016. 4. 7. 운영자 공지 中>

▶ 오유 내부 타 게시판 유저들 전체를 싸잡아 비난, 공격하는 행위 또는 특정 지역이나 계층에 대한 비난에 대해서는 매우 강력한 제재 조치를 취하도록 하겠습니다.

<2016. 4. 7. 운영자 공지 中>

▶ 유저 간 상호 비난, 비방 등 오유에 만연한 여러 문제도 시급히 고쳐나가야 할 점이지만, 그 이전에 먼저 욕설 문제부터 바로잡아야겠습니다. 욕설에 대해서는 절대 방관하지 않겠습니다. 오유에서 욕설은 용납되지 않습니다.

<2016. 4. 9. 운영자 공지 中>

운영진의 노력에 오유인들은 응원으로 화답하며 올바른 인터넷 사용 문화를 정착하기 위해 노력하고 있습니다.

오늘의유머 용어

오유는 내부에서 사용되는 오유만의 용어들이 있습니다. 대부분 오유 유저가 작성한 글에 댓글이나 의견을 나타내는 과정에서 생겨난 용어가 많다는 점이 특징입니다.

따라서 용어의 뜻을 알기 위해서는 용어가 만들어지게 된 글의 내용이 어떤 것이었는지, 당시 다른 오유 유저들은 그 글에 대해 어떤 의견을 가졌었는지 알아봐야 합니다.

오유 용어의 발생 스토리를 살펴보는 것은 오유 커뮤니티를 사용하는 오유인들에 대한 정서와 분위기를 파악하는 것에도 도움이 됩니다. 따라서 오유 용어를 설명하는데 기본 배경과 분위기를 잘 묘사하는 데 중점을 두었습니다.

오유인들은 오유 용어가 발생한 글을 찾아가 발생 과정을 알아보는 것을 '성지순례'로 일컬으며, '성지순례 왔습니다'라는 댓글을 달아 관심을 표현합니다. 물론, 성지순례는 이미 여러 곳에서 흔하게 쓰이고 있습니다.

성지순례

순례자가 종교적 의무를 지키거나 신의 가호와 은총을 구하기 위하여, 성지 또는 본산(本山) 소재지를 차례로 찾아가 참배하는 일 ➜ 최근엔 인기 있는 게시물을 찾아서 내용을 살펴보고 댓글을 남기는 것을 뜻하는 인터넷 용어(신조어)로도 쓰입니다.

한편, 오유 용어로 불리는 단어나 문구는 오직 오유 안에서만 통용되거나, 오유 안에서도 현재는 쓰이지 않으나 이목을 끌었던 사건(레전드로 불리는 에피소드)을 의미하는 것들이 상당수 있습니다. 그럼 오유 용어와 함께 레전드로 불리는 에피소드들을 함께 알아보겠습니다.

오유 용어	해설
ASKY	**뜻: (애인이) 안(A) 생(S) 겨(K) 요(Y)** 용어 탄생 스토리: '여자친구가 안 생긴다'는 글에, '○○○ 해도 안 생겨요'라는 댓글들이 달리기 시작하였고, 댓글들의 캡쳐 사진이 인기를 끌면서 발생된 용어로 알려집니다. <u>제목: 전 왜 여자친구가 없는 걸까요?</u> 여자친구는 대체 언제 생길까요ㅠ 얼굴이 안되는 건가… 휴. ㅠㅠ ↳ 고등학생이세요? 대학 가보세요! **안 생겨요.** ↳ 대학 가는 정도로는 안 생기죠. 군대 갔다 와보세요. **안 생겨요.** ↳ 군대 전역하고 일자리를 찾다 보면 자연스럽게… **안 생겨요.** ↳ 하늘을 봐야 별을 따죠. 근데… **안 생겨요.** ↳ 여자친구를 만들려면 일단 여자랑 대화도 자주해보고, 자 주 만나봐야 돼요. 그러다 보면 자연스럽게 여자친구 **안 생겨요.**
인실좆	**뜻: 인생은 실전이야 좆만아의 줄임말** 용어 탄생 스토리: 오유 유저가 운전 중 발생한 시비로 인해 폭행을 당하였는데, 향후 대처를 어떻게 하면 좋겠냐며 다른 유저들에게 조언을 구하는 글에, 조언을 해주는 과정에서 한 오유인이 '인생은 실전이야 좆만아'를 사용하였고, 이것이 인기를 끌며 발생한 단어로 알려집니다. <u>제목: 폭행을 당했습니다..</u> 아침에 제 차 앞으로 확 들어와서 그 차를 박을 뻔했습니다. 그래서 아저씨, 운전 그렇게 하지 맙시다 했더니 차를 갓길에 세우라고 하더라고요. 제가 내리고 그 사람도 내리더니 저를 폭행하더군요. 싸울 나이는 아닌 거 같아 맞기만 했습니다. (중략) 합의금을 부르려면 어느 정도가 적정선인가요? 답답하고 억울한 맘에 이렇게 글을 올려봅니다. 괜히 맞고만 있었나 하는 생각도 들고요. ↳ (중략) 그리고 합의 보지 마세요! 경찰서에선 합의보고 좋게 끝내라고들 말하지만 절대 노! 한 번의 실수로 젊은 인생 어쩌고 하면 "야이 씨팔새끼야, 인생에 연습이 어디 있어? 인생이란 건 실전이야 좆만아!"라고 그놈 귓가에다가 속삭여주세요! 욕 적은 건 죄송하지만 이렇게 말하면 뭔가 있어 보임. ↳ "야이 씨팔새끼야, 인생에 연습이 어디 있어? 인생이란 건 실전이야 좆만아!" 완전 영화 대사네. 외워야겠다ㅋ
바보	**뜻: 오유 운영자(이호철)** 용어 탄생 스토리: 오유 유저가 '어떤 사람들이 오유를 즐기며 어떤 사회층이 오유에서 활동하고 있는지'를 파악한다며 댓글에 자신이 하는 일과 나이를 적어줄 것을 요청하였고, 많은 오유인들이 자신의 나이와 직업을 쓰며 동참하였는데, 운영자 이호철 씨도 '바보, 35세'라고 댓글을 썼고, 그 이후부터 바보로 불리게 되었습니다.

오유 용어	해설
오유징어	**뜻: 오유 유저** 오유 유저들이 오유인임을 나타내는 또 다른 표현입니다. ASKY(안생겨요)와 운영자가 자신을 바보로 표현하는 분위기처럼, 오유 유저들은 자신들을 낮춰 표현하려고 합니다. 오유+오징어의 합성어로, 자신감 없는 외모를 나타내는 '오징어'를 사용해, 오유만의 '자기 연민 개그' 분위기를 조성합니다. _제목: 근데 왜 오유분들은 오징어인가요?_ 이렇게 좋은 분들이신데~ 오늘부터 오유천사 하세요~^^ ↳ 거울 보면 오징어가 서 있어요 ㅠ ↳ 매일매일 거울 보면 오징어가 있어서요.
본삭금	**뜻: 본인 삭제 금지.** 작성자가 자신이 쓴 글임에도 삭제할 수 없게 하는 기능을 말합니다. 본삭금은 글삭튀(글 삭제하고 튀는 것, 댓글에서 원하는 답변을 얻은 게시글 작성자가 해당 글을 삭제하는 행위)를 방지하고자 나온 것입니다. 글쓴이와 같은 문제를 겪는 사람들이 중복으로 질문함 없이 검색을 통해 해결방법을 쉽게 찾고, 정성을 다한 답변자들의 수고를 없애지 말자는 취지입니다. 오유인들은 본삭금이 표시된 글에는 성실히 답변을 하려는 분위기가 엿보입니다.

에피소드 1: '기둥 뒤 공간 있어요' → 착시 사진

<출처: http://www.todayhumor.co.kr/board/view.php?table=bestofbest&no=27482>

익명의 유저가 '님 편하게 주차'라는 제목으로 앞의 주차장 사진을 올렸습니다. 이후 오른쪽 SM5 차량의 운전자가 어떻게 내렸을지에 대해 의견을 나눴습니다. 기둥 뒤에 공간이 있는데, 착시현상으로 기둥 뒤에도 벽이 연결되어 공간이 없는 것처럼 보이기 때문입니다. '기둥 뒤에 공간이 있어요'라는 답변을 달아줬음에도 계속해서 운전자가 어떻게 나왔는지에 대한 의견을 교환한 것이 웃음을 주게 된 이야기입니다.

제목: 님 편하게 주차 (익명)

님 주차 편하게하세요! 노노! 님이 편하게

↳ SM5 내릴 때 짜증났겠는데?

↳ **기둥 뒤에 공간 있어요**

↳ 둘 다 풀았네.

↳ 오른쪽 sm은 주차를 하고 반대로 내렸나

↳ **기둥 뒤에 공간 있다니까요?**

↳ 서로 긁힐까봐 배려 아닌 배려가 됐네염. 근데 오른쪽 차는 운전자 어케 내림?

↳ **기둥 뒤에 공간 있다고!!!!!!!!!!!**

↳ 오른쪽 차 내리기 힘들겠당

↳ **기둥 뒤에 공간 있다고…. 댓글 좀 읽어 제발….**

↳ 오른쪽 차 운전자 아직 차에 타고 있는 거 아냐?

↳ 기둥 땜에 내리기 힘들 듯

↳ **야!!!!! 몇 번을 말해!!!!!!**

↳ **댓글 안 읽음? 기둥 뒤에 공간 있다고 -_-;**

↳ 혈 SM 차주는 어떻게 내린 거래?

↳ 주차하고 벽 뚫고 나왔대. 얘들아 그만 싸워.

↳ 누가 한 번만 더 물어보면 완전 폭발할 거 같은 분위기 ㅋ

↳ **아놔. 너 따라나와….**

↳ 기둥이 어딨는데?

↳ 근데 SM5는 저렇게 대면 내리기가 참 힘들었겠네요!

↳ 네 조수석으로 내렸답니다. 됐냐?

↳ **야이 새퀴들아 기둥 뒤에 공간 있다고 몇 번을 말해!**

↳ 절대로 끝나지 않을 것만 같은 리플들 SM5 하차 불가론 → 기둥 뒤 공간론 → SM5 하차 불가론 → 기둥 뒤 공간론 → SM5 하차 불가론 → 기둥 뒤 공간론 → SM5 하차 불가론

↳ 답답해 죽겠네. 기둥 뒤에 공간 있는데 안 보이나?

↳ 못 내리고 차 안에 있다 ㅅㅂ 좀

에피소드 2: '패션 테러리스트 소개팅남 코디' 사건

<출처: http://www.todayhumor.co.kr/board/view.php?table=bestofbest&no=128302>

익명의 유저가 '내일 썸녀랑 약속 있는데 옷 괜찮은지 봐주세요'라며 위의 사진을 올렸습니다. 소개팅 패션으로는 어울리지 않는다고 여긴 오유인들은 댓글을 통해 직접 코디를 하기 시작합니다. 작성자도 댓글을 반영해 몇 차례나 옷을 갈아입고 사진을 찍어 올리면서 코디를 완성했던 사건입니다. 빨간색 글씨는 작성자의 댓글입니다.

제목: 내일 썸녀랑 약속 있는데 옷 괜찮은지 봐주세요
가을옷은 산지가 꽤 되어서 뭘 입어야 할지ㅋㅋ 옷은 많은데요.

↳ 바지핏 지리네. 05년도 구매하심?

↳ 아, 그럼 어떻게 입어야 하나요? 젤 괜찮은 거로 골랐는데….

↳ 있는 옷 찍어서 올려보세요. 코디를 시작해 봅시다.

↳ **제가 젤 아끼는 나이키 T입니다. 이것도 이상한가요??**

↳ 오 신이시여. 어… 음… 안돼요. 안돼! 절대 안 돼!

↳ 바지 통 좀 좁은 거 없나요. 진짜 저건 아닌듯::

↳ 님 때문에 1년 만에 댓글 다는 겁니다. 저희 아버지도 그런 옷은 안 입습니다, 정말….

↳ 밝은색 바지는 이것밖에 없는데…. 내일 안 추울까요??

↳ 벽지부터 시작해서 아예 다 갈아엎고 싶다.

↳ ㅋㅋㅋ 바지 바꿔입은 사진 보고 할 말을 잃었습다ㅋㅋㅋ

↳ 옷 더 올려보세요 큰일이네 바지는 그게 다예요?

↳ 좀 딱 붙는 스키니바지나 깔끔한 셔츠는 없나요?

↳ 딱 맞는 면바지는 이거 하나고요

　맨투맨은 힘들게 뒤져서 나온 거예요 아직 정리를 안해서ㅠㅠ

↳ 아이고 ㅠㅠ

↳ 제발 남방 고정시켜 주세요. 이상한 티 입지 말아요 ㅋㅋ

↳ 부탁인데 저 벨트 버리세요.

↳ 작성자님 화내시지 말고 조금만 힘냅시다 다 왔어요. 거의…

▶ 이후에도 오유인들은 옷과 신발까지 코디해 주었습니다.

오늘의유머 정보 검색 TIP

오늘의유머는 앞서 설명했던 것처럼, 운영자가 오유 유저들과 사이트 운영 및 기능에 대한 의견 교환을 활발히 하는 분위기로, 오유 유저들의 사이트 이용에 편의를 위한 기능이 잘 갖추어져 있습니다. 이러한 기능을 잘 활용한다면 조금이나마 편하게 정보를 취득할 수 있을 것입니다.

1. 작성한 모든 글 보기

오유도 디시의 갤로그처럼 회원이 작성한 모든 게시 글뿐만 아니라, 작성한 모든 댓글까지 볼 수 있는 기능을 제공하고 있습니다. 오유 회원의 아이디를 마우스로 클릭하면, 그 회원의 개인페이지로 들어가게 됩니다. 개인페이지에서는 회원의 오유 가입 날짜, 오유 방문 횟수를 비롯해 닉네임 변경 이력과 회원이 작성한 글과 댓글에 대한 정보를 제공합니다.

2. 단축키 활용하기

일정 수준 이상의 추천을 받은 글들이 이동하는 베스트 게시판과 베스트 게시물 중에서도 추천을 많이 받은 베오베 게시판은 가치 있는 정보를 획득함에 있어 효율성이 높습니다. 오유는 회원들이 베스트, 베오베 게시판으로 들어가는데 편리하도록 '단축키 기능'을 제공합니다. 아래 이미지가 그것입니다.

키보드에서 1번을 누르면 최신글 게시판, 2번은 베스트 게시판 이동하고, 3번을 누르면 베오베 게시판으로 이동하게 됩니다. 단축키는 익숙해지면 확실히 마우스로 일일이 클릭해서 게시판을 찾아 들어가는 활동보다 빠르고 정확합니다. 반면 여러 커뮤니티를 이용하는 경우, 단축키가 서로 헷갈리는 단점도 발생할 수 있습니다. 그러므로, 모든 단축키를 사용하는 것보다는 꼭 필요한 몇 개의 단축키를 익숙하게 잘 활용하는 것이 좋습니다.

TIP ⓘ

단축키 3번 - 베오베 게시판, 2번 - 베스트 게시판, 1번 - 최신글 게시판은 익숙해지면 굉장히 활용도가 높습니다. 최소한 1, 2, 3번 단축키는 활용해 보기를 권합니다.

3. 특정 게시판 숨기기

오유는 많은 게시판을 운영하는 만큼, 자신에게 불필요한 정보들로 인해 시간을 낭비하는 경우를 접할 수 있습니다. 이런 상황에 도움을 주기 위해 오유는 자신이 보고 싶은 게시판의 게시물만 본다든가, 필요 없는 분야의 글을 가리는 '특정 게시판 숨기기 기능'을 제공합니다. 이 기능은 최신글, 베스트, 베오베 게시판에서만 적용됩니다.

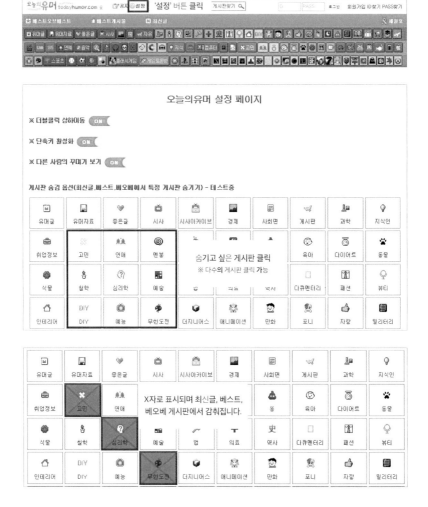

게시판 숨기기를 해제하고 싶으면 다시 한 번 클릭하면 됩니다. 그러면 X자 표시가 사라지면서 다시 게시물들이 보이기 시작합니다. 정말로 필요 없는 분야에 대한 게시판은 숨기기 기능을 활용하세요. 참고로 숨기기 기능은 회원가입을 필요로 하지 않습니다. 즉, 로그인을 하지 않은 상태에서도 적용됩니다. 또한, 인터넷 창을 닫았다가 다시 들어가도 설정은 유지됩니다.

참고 !

오유에서 앞의 설명처럼 숨기기 설정을 해놓으면 인터넷 창을 전부 닫았다가 다시 들어가도 그 설정이 유지되는데, 웹 브라우저가 다른 경우에는 설정이 반영되지 않습니다. 즉, 인터넷 익스플로러를 통해 오유를 들어가 해놓은 설정은 크롬이나 파이어폭스처럼 다른 웹 브라우저를 통해 들어간 오유에서는 적용되지 않습니다.
또한, 인터넷 방문 기록 등 흔적을 남기지 않는 크롬의 시크릿 모드에서도 적용되지 않습니다.

---

4. 추천 많은 댓글

댓글의 의견을 중요시하는 오유에서 정보를 취득하는 데는 댓글을 살펴보는 것도 필요합니다. 오유인들은 자체적으로 자정활동을 진행해 잘못된 정보가 있으면, 댓글을 통해 서로 논쟁을 하면서 결론을 내리려는 문화(콜로세움)가 정착되어 있기 때문입니다. 이런 분위기를 반영하듯, 운영자는 댓글의 기능적인 측면에 신경을 많이 썼습니다. 댓글이 일정 수준의 추천을 받을 경우 댓글에 메달 이모티콘이 생기거나 댓글의 배경색이 변해 추천을 받는 댓글들의 확인을 수월하게 할 수 있는 기능이 제공되고 있습니다.

댓글의 바탕색은 현재 4가지 색으로 구성되어 있습니다. 흰색, 황토색, 하늘색, 연보라색입니다. 이들의 차이는 다음과 같습니다.

흰색	추천수가 3개 미만인 댓글입니다.
황토색	글의 작성자가 자신의 글에 댓글을 적은 것입니다.

하늘색	추천수가 3개 이상 20개 미만인 댓글입니다.
연보라	추천수가 20개 이상인 댓글입니다. ※ 추천 10개마다 '메달' 이모티콘도 생성됩니다.

　이것은 최근 뉴스에 대한 댓글들을 추천순으로 정렬해 보여주는 기능과 유사한 것입니다. 댓글 중 오유인들에게 호응을 많이 받는 게시물을 손쉽게 볼 수 있도록 서비스를 제공하는 것입니다. 따라서 추천을 많이 받은 댓글 의견을 빠르게 보고 싶은 경우, 연보라색의 댓글을 먼저 확인하는 것이 도움이 됩니다. 황토색의 경우 글쓴이가 댓글을 적은 경우로 원글에 담긴 것 이외의 추가적인 글쓴이의 의견을 확인할 수 있습니다.

5. 공지사항 주기적 방문

오유 운영자는 공지 게시판을 통해 사이트의 추가 기능이나 기존에 있던 기능의 개선 부분을 공지합니다. 또한, 사이트 운영에 대한 의견을 수렴하는 장소로서도 공지사항 게시판을 활용하고 있습니다. 따라서 공지사항을 확인하는 것으로도 오유의 사이트의 기본 운영 방향뿐만 아니라 오유의 분위기나 특징까지 느낄 수 있습니다. 공지사항 게시판을 주기적으로 확인해 추가되는 기능이나 개선된 기능에 대한 정보를 얻으면 사이트 이용의 효율성을 높일 수 있고, 기능의 숙달도를 높일수록 커뮤니티 사용이 수월해질 것입니다. 공지사항 게시판을 주기적으로 방문하는 습관을 가져보기를 권합니다.

6. 최종 정리

지금까지 오유를 알아보았습니다. 오유는 전반적으로 인터넷 윤리나 예절을 중시하는 분위기를 느낄 수 있습니다. 선비라는 별명을 얻을 정도로 유머도 상대방에게 상처를 주지 않는 선에서의 재미를 추구하려고 노력합니다. 정치적 성향이 다른 이용자나 커뮤니티에 날 선 발언이나 게시물을 올리기도 하지만 전반적으로 자극적인 것을 추구하지는 않으려는 모습을 보입니다. 정치적인 게시물의 비중이 높아 정치 관련 정보들이 많은 편이고, 유머나 다른 분야의 활동도 활발한 편입니다. 오유인들의 분위기를 파악하는 데 도움이 되었기를 바랍니다.

뽐뿌

뽐뿌 메인 페이지 소개

뽐뿌는 상단에 8개의 상위 카테고리를 구성하고 있습니다. 그 하위에는 적게 는 4~5개의 게시판에서 많게는 약 90개가 넘는 게시판을 포함하고 있습니다.

중간에는 업체들의 광고나 좋은 쇼핑 정보가 소개되고 있으며, 하단에는 주 요 게시판으로 볼 수 있는 HOT 게시글 게시판 및 운영 관련 게시판들이 자리 잡고 있습니다.

뽐뿌 역사

- 뽐뿌는 2005년 11월 16일, 오직 한 개의 게시판으로 사이트의 시작을 알렸다고 전해집니다. 당시 한 인터넷 쇼핑몰에서 진행한 이벤트를 공유하기 위해 갑작스럽게 만든 하나의 게시판이 뽐뿌 사이트의 시작이라는 것입니다.

  <출처: 뽐뿌 공지사항(2005.11.16)>

- 뽐뿌의 의미는 PUMP(펌프)에서 비롯된 것으로 '펌프'라는 발음에 살짝 변화를 주어 '뽐뿌'가 되었고, 무엇인가를 구매하도록 부추긴다는 것을 뜻합니다.

- 작은 규모로 몇 개의 게시판을 운영하는 것이 시작이었으나, 이후 쇼핑이나 할인 이벤트 같은 좋은 정보들이 활발하게 공유되며 사이트도 덩달아 성장하였습니다.

- 뽐뿌는 업체들이 자신들의 물건을 홍보하는 상업적인 측면과 인터넷 사용자들 간의 정보 공유를 목적으로 하는 커뮤니티의 측면, 두 가지의 조화를 잘 이루어내고 있습니다.

- 뽐뿌의 발전과정은 공지사항 게시판에 자세하게 소개되어 있습니다. 뽐뿌 운영자가 초기부터 뽐뿌의 발전과정을 기록해 두고 싶어 했기 때문입니다.

> 공지사항은 주로 뽐뿌 게시판의 이력을 적어 두려고 합니다. 사이트가 생긴 이후 어떠한 변화가 생겼는지 기록해 두려고 합니다. 생긴 지 얼마되지 않았지만 벌써 가물가물하거든요. ^^
>
> <뽐뿌 공지사항 게시판 中>

주요 게시판 소개

뽐뿌 역시 무수히 많은 게시판들을 운영하고 있습니다. 물건에 대한 할인정보와 쇼핑 정보를 공유하는 뽐뿌 게시판을 비롯해 자유 게시판, 회원들 사이에 중고 물품을 거래하는 장터 게시판, 특정한 주제에 관심 있는 사람들끼리 모여 관련 정보를 공유하는 포럼 게시판 등 다양하게 운영 중이며, 특히 포럼 게시판은 휴대폰 포럼, 등산 포럼, 고민 포럼 등 약 90여 개가 넘는 세분화된 주제의 게시판들을 운영해 여러 주제들에 대한 회원들 사이의 정보 공유를 가능하게 하고 있습니다. 이번 파트는 다른 커뮤니티와 큰 차이점으로 볼 수 있는 쇼핑 관련 게시판들을 중심으로 주요 게시판을 소개하겠습니다.

1. 뽐뿌 게시판

구매 가치가 있는 제품이나, 가격대비 좋은 상품을 추천하는 게시판입니다. 주로 인터넷 쇼핑몰이나 오픈마켓들 중에서 물품에 대해 괜찮은 가격을 제시하고 있거나, 대규모 할인 혜택을 시행하고 있는 곳을 공유합니다. 휴대폰에 대한 것은 '휴대폰 뽐뿌' 게시판을 따로 운영하고 있으며, 뽐뿌 게시판에는 휴대폰 이외에 가전, 서적, 의류·잡화를 비롯해 거의 모든 물건에 대한 정보를 공유합니다.

업체에서 광고하는 것이 아니라, 회원들이 쇼핑 사이트에서 직접 보고 괜찮다 싶은 이벤트나 할인정보를 공유하기 때문에, 허위의 정보나 혜택으로 보이는 정보의 비중은 낮은 편입니다. 게다가 게시판의 목적에 맞지 않는 게시물이나, 거짓·잘못된 정보에 대해서는 회원들 스스로 '다른 의견'(비추천)을 통해 자정하려고 합니다.

　뿜뿜 게시판의 게시물 목록을 보면, 검은색과 회색으로 나누어져 있습니다. 기본적으로 게시물을 작성하면 검은색으로 표시됩니다. 회색으로 바뀐 게시물은 상품에 대한 이벤트나 행사가 품절, 종결, 취소되어 더 이상 구매가 불가능한 경우를 가리킵니다. 즉, 게시물에 대한 이벤트나 행사가 종료된 경우를 말합니다.

2. 업체 게시판

업체 게시판처럼 '업체'라는 단어가 들어간 게시판들은 물건을 파는 업체에서 뿜뿜에 광고료를 지불하고 공식적으로 자신들의 물품을 광고하는 곳입니다.

휴대폰 업체	통신 업체	카드 업체	렌탈 업체	업체 게시판

　휴대폰 업체 게시판의 경우 휴대폰 기기에 대한 공식적인 출고가, 지원금, 할부원금을 모두 공개해 부당하게 큰 이득을 취하지 않고 있음을 알림과 동시에 회원들이 속칭 호갱님(호구+고객님)이 되지 않도록 정보를 제공하는 역할까지 하고 있습니다. 휴대폰이나 가정의 인터넷·TV를 바꾸고자 할 경우, 시장의 전반적인 가격형성을 파악하는 데 도움을 받을 수 있는 게시판입니다. 다른 게시판들도 마찬가지로 가격 정보를 충분히 제공해 비교해 볼 수 있습니다.

3. 자유 게시판

다른 커뮤니티들의 자유 게시판과 크게 다르지 않으며, 자유롭게 글을 작성하는 곳입니다. 운영자는 이슈정치토론 게시판을 따로 운영해 자유 게시판에는 정치적인 게시물을 올리지 않도록 안내하고 있으나, 이슈정치토론 게시판은 일정 수준 이상의 레벨이 되어야 게시판 입장 및 글 작성이 가능합니다. 이에, 자유게시판에도 정치적인 글이 적잖이 게재되고 있는 현상을 볼 수 있습니다.

뽐뿌도 많은 회원들이 활동해 글리젠율이 높습니다. 따라서 게시물 중 회원들의 추천을 받은 게시물을 따로 모아 놓은 페이지가 관심을 받는데, 'HOT 게시글'이 그것입니다. HOT 게시글은 일정 수준 이상의 추천을 받은 게시물을 나타내고, HOT 게시글 페이지로 들어가는 방법은 게시판 우측 상단에 있는 아이콘을 클릭하면 됩니다.

아이콘을 클릭하면 해당 게시판에 대한 HOT 게시글 페이지로 들어갑니다. 만약 게시판 구분 없이 모든 HOT 게시글을 보고 싶다면, 뽐뿌 메인 화면 상단의 '뽐뿌' 카테고리 안에 있는 HOT 게시글 아이콘을 클릭해서 들어가면 됩니다.

오른쪽 이미지는 뽐뿌라는 상위 카테고리 하위에 있는 목록들입니다. 뽐뿌 카테고리에는 앞서 설명한 업체들의 홍보를 위한 게시판과 회원들의 쇼핑 정보에 대한 게시판들이 모여 있습니다.

업체들이 자신들의 상품을 홍보하는 게시판에는 HOT 게시글 페이지가 없습니다. 추측건대 이윤을 추구하는 업체들이다 보니, 자신들의 홍보 게시물을 HOT 게시글로 보내도록 셀프 추천(스스로 추천을 하는 것) 할 수 있어, HOT 게시글을 운영하지 않는 것으로 보입니다.

| 뽐뿌게시판 |
| 휴대폰뽐뿌 |
| 해외뽐뿌 |
| MD뽐뿌 |
| 오프라인뽐뿌 |
| 뷰티뽐뿌 |
| 취업뽐뿌 |
| 업체뽐뿌 |
| 업체게시판 |
| 휴대폰업체 |
| 통신업체 |
| 카드업체 |
| 렌탈업체 |
| 책가격비교 |
| **HOT 게시글** |
| HOT 코멘트 |

게시판 구분 없이
HOT 게시글을
모아놓은 페이지로
이동합니다.

4. 장터 게시판

회원들 사이에 물건을 사고파는 게시판입니다. 장터 게시판도 뽐뿌 장터, 휴대폰 장터를 비롯해 세분화되어 있는데, 주요 장터 게시판은 다음과 같습니다.

게시판	내 용
뽐뿌 장터	실물이 있는 물건을 거래하는 곳입니다. 의류, 신발, 안경 등 다양한 물건을 거래합니다.
휴대폰 장터	휴대폰 기기, 액세서리처럼 휴대폰 관련 물품을 거래하는 곳입니다. 공기계, 핸드폰케이스, 포켓파이는 물론 남는 데이터까지 거래를 하고 있습니다. ▶ 계속해서 데이터 거래가 많아지자 '데이터 장터'가 신설되었습니다.
쿠폰 장터	온·오프라인 할인권을 거래하는 곳입니다. 외식업체 5만원 상품권을 할인된 가격(4만원)에 거래하거나, 피자 40% 할인권을 1,000원에 거래하는 등 각종 쿠폰을 거래합니다. 본인이 가지고 있는 신용카드의 혜택이나, 쿠폰을 이용해 물건을 사려는 사람을 대신해 자신의 카드로 대리결제를 해주겠다는 게시물도 상당히 많습니다. 사는 사람은 할인 혜택을 보고, 대리결제를 해주는 사람은 신용카드의 사용실적이나 포인트를 늘릴 수 있어 관련 게시물이 늘고 있습니다.

쿠폰 장터	**A 쇼핑몰** <최고급 청소기 특가 판매 - 10만 원> ☆☆카드로 결제 시 10% 할인(9만 원)
	甲 → A 쇼핑몰에서 청소기 구입 희망. 하지만 ☆☆카드가 없어 10% 할인을 못 받는 상황 乙 → ☆☆카드 소지, 甲에게 할인된 금액(9만 원)을 통장으로 받은 뒤, ☆☆카드로 물품 구입 후 甲에게 전달 → (대리결제)
온라인 장터	실물이 없는 온라인 유가증권(영화예매권, 인터넷 상품권, 기프티콘류)을 거래하는 곳입니다. 화폐로서의 가치가 있는 상품(유가증권)들이 거래되는 특성상 거래 시 사기 피해를 예방하기 위한 운영진의 노력이 엿보입니다. 페이지 상단 [공지], [알림]을 통해 사기를 치는 것으로 보이는 회원의 이름과 계좌, 전화번호를 공개해 추가적인 피해를 막고, 일정 수준 이상의 레벨을 취득한 회원들만 거래가 가능하도록 해 보안을 강화한 것을 볼 수 있습니다.
해외구매 장터	해외에서 직접 구입한 물품이나 해외 뿜뿌를 통해 구입한 물품을 매매, 교환하는 곳입니다.
해외구매 대행	해외 쇼핑몰에서 판매되는 상품의 구매대행을 요청하는 곳입니다. 일정의 수수료를 지급하고 이른바 해외 직구(해외 사이트에서 직접 구매)를 맡기는 곳입니다. 해외 직구로 구매 시 복잡한 계산이나 절차를 고려하지 않아도 되는 이점과 더불어, 한 명이 아닌 여러 대행자가 가격을 제시하기 때문에 비교해보고 마음에 드는 가격과 조건의 대행자에게 맡길 수 있는 곳입니다.
장터 이야기	장터에서 생긴 일에 대해 좋은 것, 나쁜 것 등을 공유하는 곳입니다. 무엇보다도 사기와 관련된 부분이 공유되는 게시판으로, 피해 예방을 위해 거래 이용 전 체크하면 도움을 받을 수 있습니다.

5. 포럼 게시판

약 90여 개가 넘는 주제별 게시판이 운영되는 곳입니다. 휴대폰 포럼, 등산 포럼, 게임 포럼처럼 세분화된 주제로 게시판을 운영해 같은 관심사를 가진 회원들 사이의 정보나 의견 교환, 친목을 이끌어내고 있습니다. 포럼 게시판들 중에서도 뿜뿌의 특색을 가장 잘 나타내는 곳은 역시 휴대폰 관련 포럼으로 말할 수 있습니다. 여타 다른 포럼 게시판의 경우, 다른 커뮤니티들에서도 볼 수 있는 특성이기 때문입니다.

휴대폰 관련 포럼에서는 휴대폰을 저렴하게 구입한 후기와 관련 정보를 공유하고 있습니다. 보조금을 더 많이 지원해준 휴대폰 대리점에 대한 정보를 뽐뿌 특유의 은어를 사용해 알려주는 것입니다. 단통법 시행 이후 나온 독특한 문화로 볼 수 있습니다. 단통법과 뽐뿌 은어에 대한 자세한 설명은 뒤의 [뽐뿌 용어 설명] 파트에서 다루도록 하겠습니다. 또한, 뽐뿌는 [포럼지원센터 게시판]을 운영해 회원들이 개설을 원하는 포럼을 신청하고, 포럼의 활성화를 위해 의견을 개진하도록 유도하고 있습니다.

한편, 뽐뿌는 포럼 게시판 이용자들의 친목을 장려하고 있습니다. 모임을 주최하면 주최자에게 기념품까지 제공하는데, 현재는 기념품으로 뽐뿌 달력이나 뽐뿌 휴대폰 거치대를 주며, 30명이 넘는 인원이 모일 경우 현수막을 지원합니다. 친목을 달갑게 보지 않는 디시의 연예인 관련 갤러리나 오유와 차이나는 점입니다.

뽐뿌 특징

- **후기 작성을 통한 정보 공유**

  뽐뿌는 조금이라도 더 저렴하게 물건을 구매하기 위한 정보 공유가 활발한 커뮤니티로, 상세하게 구매 후기를 작성

- **쇼핑 정보 망라**

  뽐뿌 유저들은 다양한 분야의 물건에 대한 쇼핑 정보를 공유하며, 제품 자체에 대한 정보 공유도 활발

- **회원 등급제별 권한 부여**

  뽐뿌는 회원들의 등급을 나누고 있으며, 등급별로 부여되는 권한에 차이를 두어 사이트를 운영

뽐뿌는 큰 틀에서 앞서 소개한 디시, 오유와는 성격에서 다른 면이 있습니다. 태어난 배경이 구매나 가격 정보 공유를 위한 것이었기 때문에, 다른 커뮤니티에 비해 목적이 확실했습니다. 굳이 자극적인 재미를 추구하지 않아도 좋은 가격의 제품만 회원들 간 서로 공유하면 그것만으로도 네티즌들의 주목을 끌고 관심을 받는 데 충분했습니다.

하지만 뽐뿌 유저들도 커뮤니티의 생활의 큰 매력점인 유머를 생산하는 것에 소홀하진 않았습니다. 유머는 뽐뿌 유저들이 좋은 제품을 저렴하게 사려고 노력하는 과정에서 일어났는데, 이 에피소드들은 다른 커뮤니티에 소개될 정도로 관심을 모았습니다. 다른 커뮤니티에 전파되는 과정에서 뽐뿌 유저들은 속칭 '뽐거지(뽐뿌+거지)'라는 별명을 얻게 되었습니다. 일부 거지 마인드(싸게 구입하기 위해서는 어떤 수단도 좋다는 생각)를 가진 뽐뿌 유저들이 때때로 상품을 적

정한 가격에 사는 것을 추구한 것이 아니라, 무조건 싸게 사거나 이득을 얻기 위해 진상을 부린다는 것이었습니다.

또한, 뽐거지라는 인식이 널리 퍼지게 된 이유 중 하나는 뽐뿌인들이 재밌는 이야기나 글을 적을 때 자주 사용되는 소재가 '알뜰함' 혹은 '검소함'이었기 때문입니다. 예를 들면, 친구가 별로 없어 결혼식이 썰렁하고 사진 찍을 사람이 없을까 봐 걱정된다는 사람에게 '축의금 없이 사진만 찍고 밥 먹고 오겠다'며 결혼을 어디서 하는지 알려달라고 댓글을 다는 식인데, 이렇게 뽐뿌의 유머가 검소함, 알뜰함과 연계된 것이었기 때문에 거지라는 단어에 대해 불편한 정도가 낮아진 것입니다. 즉, '뽐거지'라는 단어에 대한 인식이 처음에는 굉장히 좋지 않은 의미였으나, 점차 순화되어가는 분위기가 형성되면서 뽐뿌인들을 뽐거지라고 이전보다 편하게 부르는 상황이 오고 있는 것입니다. 하지만 운영진을 비롯해 많은 뽐뿌인들은 여전히 뽐거지로 부르는 것을 달갑지 않게 생각합니다.

> 뽐뿌 회원을 지칭할 경우 비하하거나 악의적으로 조롱할 목적으로 특정 용어를 사용하지 말아야 합니다. (ex. 알바, 빠순이, 빠돌이, 너님, 뽐거지, 뽐팡이 등)
>
> <뽐뿌 이용 규칙 중>

상세한 구매 후기 작성

뽐뿌 회원들은 자신들이 구매한 물건의 후기를 작성해 가격부터 장단점까지 정보를 공유합니다. [사용기라는 게시판을 따로 두어 제품의 사용 후기 작성을 유도하는 운영진의 노력도 있지만, 대체적으로 회원들 사이에 후기를 공유해 좋은 정보를 서로 나누려는 분위기를 느낄 수 있습니다.

뽐뿌 회원들은 휴대폰을 비롯해 다양한 상품에 대한 후기를 작성합니다.

[사용기] 게시판의 글 대부분은 물건의 포장지 개봉부터 시작해 사용 후 물건의 장단점까지 사진과 함께 설명하고 있습니다. 마치 블로거들이 자신의 블로그에 물건을 소개하는 구성과 거의 흡사합니다.

후기를 상세하게 적어 다른 뽐뿌 회원들이 참고할 수 있도록 하는데, 이는 뽐뿌가 추구하는 집단지성의 한 예로도 볼 수 있습니다.

집단지성 ⓘ

집단지성은 쉽게 말해 여러 사람의 지식과 지혜를 모아 보다 객관적이고 정확한 결과를 내놓는 것을 말합니다. 좋은 예가 '위키 백과'입니다. 위키 백과는 누구나 편집에 참여할 수 있는 개방형 백과사전입니다. 위키 백과에서 어떤 단어에 대한 설명이 자신이 알고 있는 것과 다를 경우, 편집 버튼을 눌러 수정할 수 있고 곧바로 반영돼 그 이후에 해당 단어를 검색하는 사람들에게는 수정된 결과물이 노출됩니다. 위키 백과는 이렇게 서로 지식을 모으다 보면 나오는 결과물이 객관적인 사실에 더욱 가까워진다는 것입니다.

온라인 커뮤니티의 순기능으로 속칭 '호갱'이라 불리는 소비자들의 불이익을 사전에 막을 수 있으며, 일정 부분 업체들 사이에 정당한 경쟁을 부추기는 작용도 하고 있습니다.

이후 집중적으로 소개할 '뽐뿌 은어'도 사실상 구매 후기를 통해 다른 회원들에게 도움을 주기 위한 의도에서 발생한 것입니다. 네티즌들이 뽐뿌 커뮤니티에 바라는 것이 구매 후기에 대한 정보인 것을 뽐뿌인들도 잘 알고 있기 때문에, 이에 대한 정보 공유가 활발합니다.

다양한 쇼핑 정보

뽐뿌는 혜택이 좋은 쇼핑 정보가 모이는 곳입니다. 회원들의 '좋은 것은 다른 회원들과 함께 공유하자'는 마인드와 적극적인 활동력 덕분에 쇼핑 정보에서는 다른 커뮤니티에 앞서 나가고 있습니다. 업체들에서 진행하는 할인정보, 쿠폰, 이벤트를 한 번에 볼 수 있어 편리합니다.

앞서 게시판 소개에서도 언급했듯이, 업체들이 뿜뿜 회원들과 뿜뿜에 방문하는 네티즌들에게 자신들이 판매하는 물품을 홍보하기 위해 경쟁을 하다 보니, 다양한 쇼핑 정보가 많이 생성됩니다. 모든 뿜뿜 게시판과 장터 게시판, 이벤트, 쿠폰 게시판 등 대부분의 게시판에서 쇼핑 정보를 취득할 수 있습니다. 물론 포럼에서도 일부 포럼들(자동차, 운동 관련 포럼)에서도 물건에 대한 구매 관련 정보를 확인할 수 있습니다.

회원 등급제

뿜뿜는 회원 등급별로 권한을 다르게 부여하고 있습니다. 일정 등급(레벨)이 되지 못하면 사이트 이용에 어려움을 겪을 수 있습니다. 글쓰기, 비추천하기, 게시판 들어가기와 같은 기능들이 등급에 따라 가능 여부가 결정되므로 뿜뿜는 회원들에게 꾸준한 활동을 통해 권한을 부여받도록 하고 있습니다.

다른 커뮤니티들에서도 회원 등급제를 운영하고 있지만, 뿜뿜는 등급별 사이트 이용 권한을 다른 곳보다 다소 까다롭게 설정해 일정 수준 이상의 뿜뿜 회원, 즉 뿜뿜인이 되어줄 것을 은연중에 요구하고 있습니다. 회원의 등급별 권한은 다음과 같습니다.

레벨 (LEVEL)	조건, 권한
레벨 9	**조건**: 가입 및 첫 로그인 **권한**: 대부분의 모든 활동이 가능하나, 일부 게시판의 이용 및 일부 기능 사용 불가
레벨 8	**조건**: 가입 후 20일 경과 및 포인트 100점↑ **권한**: 이른바 뿜뿜인으로 불릴 수 있는 등급으로, 거의 모든 게시판 글 작성 및 기능 사용 가능
레벨 7	**조건**: 가입 후 50일 경과 및 포인트 500점↑ **권한**: 모든 활동 및 기능 가능 + 닉콘 기능 가능 ※ 닉콘: '닉네임+아이콘' 또는 '닉네임+이모티콘'의 뜻으로 볼 수 있으며, 닉콘을 신청한 회원들은 움직이는 아이콘으로 닉네임을 쓸 수 있습니다.

레벨 (LEVEL)	조건, 권한
레벨 6	**조건**: 가입 후 100일 경과 및 포인트 2,000점↑ **권한**: 모든 활동 및 기능이 가능하고, 추가적인 혜택을 받습니다. 코멘트(댓글)를 달면 포인트를 받는 것에 있어 혜택을 받게 됩니다.
레벨 5	**조건**: 가입 후 150일 경과 및 포인트 10,000점↑ **권한**: 모든 권한과 혜택은 레벨 6과 같다고 보면 됩니다.
레벨 10	**조건**: 마이너스(-) 16부터 **권한**: 징계를 받은 회원입니다. 부적절한 게시물을 남기는 등의 이유로 운영자에 의해 강등처리 된 레벨이며, 속칭 '십렙'으로 불리고 있습니다.

뽐뿌가 이렇게 다른 커뮤니티들보다 회원 등급제를 엄격하게 강화한 점은 아무래도 다른 커뮤니티에 비해 쇼핑과 구매정보에 대한 내용을 많이 다루고, 거래에서 발생할 수 있는 사기나 피해를 막기 위한 일종의 예방활동으로 보입니다. 뽐뿌를 이끌어가는 가장 큰 장점 중 하나가, 경쟁력 있는 거래 문화를 조성하고 있다는 것인데 사기 사건으로 피해가 발생할 경우 충격이 크게 발생할 수 있기 때문입니다.

뽐뿌 회원들 사이에 거래가 이루어지는 장터 게시판, 가격 경쟁력을 지닌 뽐뿌 게시판 등 뽐뿌는 거래 정보를 다루는 대부분의 게시판에 글을 쓸 수 있는 글쓰기 권한을 레벨 8 이상으로 설정해 불순한 의도를 가지고 접근하는 사용자들을 일단 시간적으로 차단합니다.

제한 레벨	제한 내용	게시판	비고
레벨 9	글쓰기 제한(열람 가능)	뽐뿌 게시판, 휴대폰뽐뿌, 해외뽐뿌	레벨 8 등업 시 제한 해제
		장터 게시판 중 구인 게시판, 장터릴레이 게시판을 제외한 모든 게시판	
	게시판 출입 자체 불가	이슈정치토론 게시판	
레벨 8	글쓰기 제한(열람 가능)	장터 게시판 중 공동구매, 공동구매요청, 해외구매대행 게시판	레벨 7 제한 해제

지금까지 뽐뿌의 특징을 살펴보았습니다. 뽐뿌는 경쟁력 있는 가격 시장을 만들려는 사람들이 모인 곳으로 다른 일반적인 커뮤니티와 차별성을 가지고 있습니다. 사실 뽐뿌의 정말 큰 특징은 이후 소개될 '뽐뿌 용어'에서 찾을 수 있습니다. 디시인사이드가 합성 문화를 널리 전파한 것처럼 뽐뿌 이용자들이 하나의 문화를 만들고, 그 문화를 누리며 이용하는 것을 느낄 수 있습니다. 그럼 지금부터 뽐뿌인들의 독특한 문화를 알아보겠습니다.

뽐뿌 용어

ㄱㅂㅌㅋㄴ ㄹㄱ ㅂㅇ 갤럭키 현아 34, 표인봉 26.

위의 글이 해석되나요? 보다시피 전부 한글로 구성되어 있지만 무슨 말인지, 장난을 치는 것은 아닌지, 전혀 이해가 되지 않을 수 있습니다.

하지만 휴대폰에 관심을 가지고 뽐뿌를 이용하는 뽐뿌인들은 위의 문장을 보자마자 바로 이해할 수 있으며, 저 문장이 꽤 괜찮은 거래 조건인지, 아닌지를 가늠합니다.

위의 문장은 속칭 '뽐뿌 은어'로 불리고 있으며, 휴대폰 관련 거래 후기를 나타낸 문장입니다. 뽐뿌 은어는 이른바 불법보조금(페이백) 단속을 피하기 위한 목적과 더불어 뽐뿌인들 사이의 특별한 은어 문화를 즐기려는 분위기가 결합되어 발전된 뽐뿌의 가장 큰 특징입니다.

뽐뿌에서는 휴대폰 관련 용어를 먼저 이해하고 있어야 뽐뿌 은어를 이해하는 것이 수월합니다. 할부원금·기기변경·번호이동이 무엇을 의미하는 것인지 등 휴대폰 거래에 관련된 기초적인 이해가 필요합니다. 따라서 뽐뿌 은어를 소개하기에 앞서 휴대폰 관련 용어를 대략적으로 설명할 것입니다.

다른 커뮤니티들과 마찬가지로 뽐뿌 용어 및 은어를 알아가는 것은 뽐뿌인들에 대한 이해도를 높이는데 기여할 것입니다.

1. 휴대폰 관련 기초 용어

뽐뿌 은어는 휴대폰 관련 용어입니다. 따라서 휴대폰 거래에 대한 기초적인 지식이 있어야 합니다. 처음 휴대폰을 구매하려고 대리점을 방문했던 때를 떠

올려보면, 아마 제일 답답한 것은 생소한 용어였을 것입니다. 할부원금·공시지원금(보조금)과 같은 기초적인 용어에 대해 먼저 설명하겠습니다. 법률에 적힌 그대로 설명하기보다는 초보자가 봐도 이해하기 쉽도록 의역해 설명하도록 하겠습니다.

한 가지 참고할 부분은 휴대폰 관련 용어도 법률 개정 등의 이유로 언제든지 바뀔 수 있다는 점입니다. 현재 휴대폰 거래에 대해 규정한 '이동통신단말장치 유통구조 개선에 관한 법률(약칭: 단말기유통법)'에 대해 개정을 해야 한다는 의견이 많습니다. 휴대폰 거래 시장의 가격 안정을 목적으로 만들어진 단말기유통법이 기업들의 이익을 높여주는 반면, 소비자의 부담만 늘리고 있다는 지적이 늘고 있기 때문입니다. 또한, 휴대폰 관련 분야가 급속하게 발전하고 있어 휴대폰 거래에 대한 환경 자체가 바뀔 수 있습니다.

변화가 일어나면 이후 소개한 용어들에 대한 정의나 의미가 달라질 수 있다는 점을 참고해주세요. 혹시나 설명이 조금 부족하다거나 휴대폰 관련 기초적인 지식을 더 자세히 알고 싶은 분들은 단말기유통법을 살펴보기 바랍니다. 휴대폰 거래에 있어 알아야 할 기초적인 용어들을 소개하겠습니다.

용어	해설
이동통신사	SK텔레콤, KT, LG유플러스처럼 휴대폰 서비스를 제공하는 업체를 말합니다.
대리점	이동통신사와 협정에 따라 이동통신사와 고객 간의 계약 체결 같은 업무를 대리 또는 위탁받아 처리하는 업체를 말합니다.
판매점	대리점으로부터 이동통신사와 고객 간의 계약 체결 업무를 복대리 또는 재위탁받아 처리하는 업체를 말합니다. 즉, 대리점과 계약해서 대리점의 일을 처리하는 곳입니다. **대리점과 판매점의 차이점** - 대리점: 휴대폰 계약 업무 외에 요금 수납, 명의 변경 등 이동통신사의 업무 전반을 직접 처리 - 판매점: 대리점으로부터 위탁받아 대리점 업무의 일부를 처리하는 곳으로 주로 휴대폰 판매에 집중하며, 요금 수납 등 휴대폰 판매 외의 업무인 경우 직접 처리가 불가능하고 대리점을 통해야만 가능

용어	해설
출고가	제조사와 이동통신사가 협의해 결정한 휴대폰의 출시 가격을 뜻합니다. 똑같은 휴대폰이어도 통신사별로 출고가에 차이가 있을 수 있습니다.
할부원금 (판매가)	가장 중요한 용어로 반드시 숙지해야 합니다. 할부원금은 출고가에서 이동통신사와 제조사가 제공하는 지원금을 뺀 금액으로, 고객이 실제 부담하는 기기값을 뜻합니다. 쉽게 말해 혜택 받아 뺄 거 다 빼고 난 뒤 실제로 지불하는 기계값입니다.
기기변경	기존의 이용 중이던 이동통신사를 변경하지 않고, 휴대폰 기기만 변경하는 것을 말합니다.
번호이동	휴대폰을 변경하면서 이동통신사도 함께 변경하는 것을 가리킵니다. 지금은 모든 이동통신사가 010으로 핸드폰 번호 앞자리를 통일했지만, 옛날에는 이동통신사별로 핸드폰 번호 앞자리가 달랐습니다. ※ 011(SK텔레콤), 016(KTF, 현 KT), 017(신세기통신), 018(한솔PCS), 019(LG텔레콤) 그래서 옛날에는 핸드폰 앞자리만 봐도 그 사람이 이용 중인 이동통신사를 알 수 있었습니다. 예를 들어 '011-000-0000'이라면 SK텔레콤, '016-000-0000'은 KT, '019-000-0000'은 LG유플러스 이용자임을 알 수 있었습니다. 이런 상황을 반영해 이동통신사 변경을 번호이동이라고 불렀습니다. 앞자리 번호를 바꾸는 것이 곧 이동통신사의 변경을 의미했기 때문입니다. 이것이 010으로 통일된 지금도 계속해서 번호이동이라는 용어로 사용되고 있습니다. 이동통신사 입장에서 번호이동은 신규 고객을 맞는 것이므로, 지원금을 많이 지급하는 경향을 보입니다.
할부이자	할부원금을 일시불이 아닌 할부로 지불할 때 붙는 이자를 말합니다. 대부분 할부원금(기계값)을 2년 혹은 그 이상의 기간 동안 할부로 나눠서 지불합니다. 지원금을 받기 위해 어차피 일정 기간(대부분 2년) 사용한다는 약정을 해야 하기 때문입니다.
지원금 (보조금)	이동통신사 및 대리점에서 고객에게 지급하는 지원금을 말합니다. 고객은 지원금을 받은 만큼 저렴하게 휴대폰을 살 수 있는 것입니다. 이동통신사와 대리점에서 지원금을 지급하는 이유는 고객 유치를 위함입니다. 자신들과 계약한 고객들이 장기간 휴대폰을 사용하면 남는 이익이 커지기 때문에, 지원금을 다른 이동통신사나 대리점보다 더 많이 지급해서라도 고객을 유치하는 것입니다. 따라서 지원금은 이동통신사별, 요금제별로 다르게 지원됩니다.

용어	해설
선택약정 할인	스마트폰을 구입할 때 출고가에 대한 지원금을 받는 대신 요금에 대한 할인을 받는 것으로, 기본요금의 20% 할인을 받을 수 있는 제도입니다. 선택약정할인을 받을 수 있는 경우는 다음과 같습니다. **선택약정할인 가입 대상** ① 신규 단말기를 구입하면서 지원금 대신 요금할인을 받는 경우 ② 국내 또는 해외 오픈마켓 등에서 직접 신규 단말기를 구입하는 경우 ③ 개통 후 24개월이 지난 중고단말기로 재개통하는 경우 ④ 2년 약정 이후 같은 단말기를 계속 쓰려는 경우 선택약정할인의 경우, 높은 요금제를 선택하는데도 지원금이 적은 상황일 경우 지원금을 받는 것보다 할인 혜택면에서 유리할 수 있습니다. 따라서 휴대폰 구입 시 휴대폰 출고가에 지원금을 받는 것과 선택약정할인을 받는 것 중 어느 것이 할인혜택을 많이 받을 수 있는지 계산해 보는 것이 좋습니다. 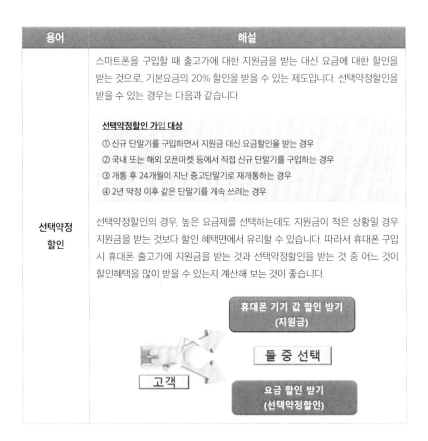

2. 단말기 유통법

정식명칭은 '이동통신단말장치 유통구조 개선에 관한 법률'입니다. 단말기 유통법은 쉽게 말해 호갱님이 발생하는 구조를 법을 통해 막아보려는 취지에서 만들어진 것입니다. 단말기 유통법 이전에는 지원금(보조금)이 각양각색이었습니다. 일부 대리점이나 판매점에서는 속칭 뭘 좀 안다는 고객에게는 지원금을 많이 주고, 그렇지 않은 고객에게는 지원금을 조금 지급해 호갱님을 만들곤 했습니다. 지역, 대리점, 판매점마다 차이가 심하게 났습니다.

상황이 이렇다 보니 똑같은 휴대폰을 똑같은 조건으로 구매하는데, 누구는 지원금을 30만 원밖에 못 받고, 누구는 70만 원을 넘게 받는 일들이 발생했던 것입니다. 이것을 막고자 지원금에 상한선을 둔 것이 단말기 유통법입니다. 법으로 지원금 상한제를 두어 일정 금액 이상의 지원금을 지급하지 못하도록 한 것입니다. 하지만 여전히 일부 대리점, 판매점들은 상한선을 넘는 지원금을 지급하고 고객을 유치하고 있습니다. 고객을 유치하면 얻게 되는 자신들의 마진(판매장려금 등)에서 일부를 현금으로 떼어 더 지원해주는 것입니다. 물론, 법적으로 금지된 행위이며 이것이 이른바 '불법보조금'입니다.

불법보조금을 지급하는 것은 법적으로 금지되어 있고, 불법보조금을 지원하는 업체를 신고해 포상금을 받는 폰파라치(휴대폰+파파라치)들이 있어 뽐뿌 은어가 탄생하게 되었습니다. 폰파라치를 피하면서 불법보조금을 지급해 신규 고객들을 유치하려는 업체들과 조금이라도 더 저렴하게 휴대폰을 구입하려는 소비자 간에 뜻이 맞아 그들만의 약속을 만든 것이 뽐뿌 은어입니다.

뽐뿌 은어도 하루가 멀다 하고 새로운 용어가 태어나고 기존의 것이 없어지는 추세를 보입니다. 글을 쓰고 있는 이 시간에도 은어가 태어나고 있어, 사실상 모든 은어를 전부 소개하기는 불가능합니다. 그럼, 많이 쓰이는 은어 위주로 소개하겠습니다.

3. 뽐뿌 은어

은어	해설
ㅅㅋ(스크)	이동통신사 SK텔레콤을 뜻합니다. SK텔레콤에서 SK를 에스케이가 아닌 스크로 부르면서 발생된 용어입니다.
ㅋㅌ (크트, 케티)	이동통신사 KT를 뜻합니다. KT를 케이티가 아닌 크트나 케티로 부르면서 발생된 용어입니다.
ㄹㄱ(르그)	이동통신사 LG유플러스를 뜻합니다. 위와 마찬가지로 LG를 르그로 부르면서 발생된 용어입니다.

은어	해설
ㄱㅂ(기변)	기기변경을 뜻합니다. 기기변경을 줄여 '기변'이라고 하는데 그 초성을 딴 것입니다. 앞서 설명한 것처럼 기기변경은 이동통신사를 옮기지 않으면서 휴대폰만 새로운 것으로 교체하는 것을 말합니다.
ㅂㅇ(번이)	번호이동을 뜻합니다. 위의 기기변경과 마찬가지로 번호이동을 줄여 번이라고도 하는데, 이것의 초성을 딴 것입니다. 휴대폰을 바꾸면서 이동통신사도 같이 옮기는 경우를 가리키는 것입니다.
ㄱㅂㅌㅋㄴ	강변테크노(마트)를 뜻합니다. 전자기기 복합 유통단지로 유명한 강변테크노마트에 모여 있는 수많은 대리점과 판매점들이 다른 곳보다 지원금을 더 지원하는 것으로 알려지며, 휴대폰을 싸게 살 수 있는 대표적인 장소로 자리매김한 상태입니다.
ㅅㄷㄹ (ㅅㄷㄹ ㅌㅋㄴ)	신도림테크노(마트)를 뜻합니다. 강변테크노마트와 마찬가지로 휴대폰을 싸게 살 수 있는 대표적인 장소로 강변테크노와 쌍두마차를 이루고 있습니다.
현아(ㅎㅇ)	현금완납을 뜻합니다. 즉, 휴대폰 출고가에서 지원금을 뺀 기계값(할부원금)을 할부로 계산하지 않고 휴대폰 구매시 일시금으로 내고 사는 것을 의미합니다. 현금완납을 '현완', 'ㅎㅇ'로 줄였는데, 발음이 비슷하면서 초성이 같은 가수 현아 씨를 활용해 쓰면서 현아로 널리 쓰이게 된 것입니다. ex) 현아17 → 현금 17만 원을 내고 할부원금 0원으로 휴대폰 구입 위의 표는 같은 날 같은 휴대폰에 대한 것입니다. 설명하자면, A대리점에서 할부원금을 0원으로 휴대폰을 사기 위해서는 원래 출고가(70만 원)에서 지원금(20만 원)을 뺀 50만 원을 구매 시 일시에 납부해야 합니다. 하지만 현아(현금완납) 25만 원으로 되어 있는데요. 50만 원이 아니라 25만 원만 내고 할부원금 0원으로 휴대폰을 구매했다는 것입니다. A대리점에서 25만 원의 지원금을 더 준 것입니다. 이 25만 원을 이른바 불법보조금이라고 하는 것이며, 현재 단통법상 금지된 행위입니다. B대리점에서는 '현아20'이므로, 30만 원의 불법보조금을 지급하고 있는 상황을 의미하는 것입니다.

	출고가	공시지원금	현아	할부원금
A 대리점	70만 원	20만 원	25	0
B 대리점	70만 원	20만 원	20	0

은어	해설
표인봉 (ㅍㅇㅂ, 페이백)	Pay(지불하다) + Back(돌려주다)을 말하는 것으로, 지불한 돈을 돌려준다는 뜻입니다. 쉽게 설명하자면, 대리점 또는 판매점에서 구매자에게 현금으로 돈을 주는 것입니다. 구매자는 돈을 받는 만큼 저렴하게 사는 것이 됩니다. 이것도 불법보조금의 한 형태입니다. 페이백의 초성인 ㅍㅇㅂ으로 표현하거나 초성이 ㅍㅇㅂ으로 시작하는 단어를 찾다가 널리 쓰이게 된 것이 표인봉입니다. {표} 위의 표를 예시로 설명하겠습니다. 위의 표 역시 같은 날, 같은 휴대폰에 대한 것입니다. A대리점은 '표인봉 25'라고 적혀 있는데, 페이백을 25만 원 준다는 것입니다. 즉, 계약할 당시나 계약 후 일정기간이 지난 뒤 구매자의 통장 등으로 현금 25만 원을 주는 것입니다. 결국 50만 원에 구입할 휴대폰을 25만 원에 사는 것과 마찬가지인 효과가 나타나는 것입니다. 페이백은 불법인 특성상 주로 구두계약으로 진행되어, 대리점에서 약속한 돈을 주지 않는 경우도 발생합니다.

표인봉 설명 내 표:

	출고가	공시지원금	할부원금	표인봉
A 대리점	70만 원	20만 원	50	25
B 대리점	70만 원	20만 원	50	20

은어	해설
새사과	새로 나온 아이폰을 말합니다. 2017년 1월 현재 새사과는 아이폰 7을 말합니다.
구사과	새로 나온 아이폰의 이전 버전을 말합니다.
갤수육	갤럭시 S6를 말합니다.
갤럭키	갤럭시 S7을 말합니다.
공책	갤럭시노트를 말하며, 공책5는 갤럭시노트5, 공책7은 갤럭시노트7을 말합니다.
승리텐	LG의 V10을 말합니다. V를 승리(Victory)의 V로 읽고, 뒤의 10을 텐(ten)으로 읽는 것입니다.
좌표	위치, 주소 또는 상호를 말합니다. 주로 '좌표 좀 알려주세요'라는 형식으로 쓰입니다.
삼무(올무)	가입비, 유심비, 부가서비스 3개 모두 없다(無)는 뜻입니다. 이동통신사를 옮기면서 새로운 이동통신사에 지불해야 할 가입비, 유심비를 대리점이나 판매점에서 지원하거나, 이동통신사 정책상 면제되는 것을 말합니다.
부무/부유	부가서비스 없음(부무) / 부가서비스 있음(부유)

은어	해설
버스폰	저렴한 가격의 휴대폰을 말합니다. 버스를 탈 정도로 싸다는 의미에서 버스폰이라고 부릅니다.
효도르 (효도르폰)	효도폰을 의미합니다. 휴대폰 정보에 취약한 부모님이나 어르신들을 위해 대신 구입한다는 뜻과 어르신들이 쓰실 휴대폰(큰 기능은 필요하지 않다)임을 감안해 달라는 것입니다.

그럼 지금부터는 실제 뽐뿌 은어로 쓰이고 있는 문장들을 살펴보고 이에 대한 해설을 진행하겠습니다.

실전 예제	ㄱㅂㅌㅋㄴ ㅅㅋㅂㅇ 갤럭키 현아랑 27분 춤췄어요.
해설	ㄱㅂㅌㅋㄴ - 강변테크노 ㅅㅋㅂㅇ - SK텔레콤으로 번호이동 갤럭키 - 갤럭시S7 현아랑 27분 춤췄다 - 현금 27만 원에 할부원금 0원 ⬇ 강변테크노마트에서 갤럭시S7 휴대폰을 SK텔레콤으로 번호이동(이동통신사 변경)하며 현금 27만 원에 할부원금 0원으로 휴대폰을 구매했다는 의미입니다.
실전 예제	ㅅㄷㄹ ㅋㅌㄱㅂ 새사과 큰거 현아 50 표인봉 30
해설	ㅅㄷㄹ - 신도림(테크노마트) ㅋㅌㄱㅂ - kt 기기변경 새사과 큰거 - 대용량 최신형 아이폰 현아 50 - 현금 50만 원에 할부원금 0원 표인봉 30 - 페이백 30만 원 ⬇ 기존에 KT 통신사를 이용 중이던 사람이 신도림테크노마트에서 다른 이동통신사로 이동하지 않고 기기만 대용량 최신형 아이폰으로 현금 50만 원에 할부원금 0원으로 구매한 뒤, 페이백(현금 받기)을 30만 원 받았다는 것으로, 결국 20만 원에 할부원금 0원으로 구매했다는 의미가 되는 것입니다.

실전 예제	갤수육 모서리 작은 거 ㄹㄱㅂㅇ ㅎㅇ 5 599욕 6번 부2
해설	갤수육 모서리 작은 거 - 저용량 갤럭시S6 엣지 ㄹㄱㅂㅇ - LG유플러스로 번호이동 ㅎㅇ 5 - 현금 5만 원에 할부원금 0원 599욕 6번 - 599요금제 6개월 의무 사용 부2 - 부가서비스 2개 가입 ↓ 저용량 갤럭시S6엣지 휴대폰을 LG유플러스로 번호이동(이동통신사 변경)하며 599요금제를 6개월 의무 사용 및 부가서비스 2개를 가입하는 조건으로 현금 5만 원에 할부원금 0원으로 구매했다는 의미입니다.
실전 예제	효도르 승리텐 ㅅㅋㅂㅇ ㅎㅇ 6 59욕 3개 무부
해설	효도르 - 효도폰, 부모님이나 어르신 폰을 대신 구입 승리텐 - LG V10 휴대폰 ㅅㅋㅂㅇ - SK텔레콤으로 번호이동 ㅎㅇ6 - 현금 6만 원에 할부원금 0원 59욕 3개 - 599요금제 3개월 의무 사용 무부 - 부가서비스 無 ↓ 부모님이나 어르신을 대신해서 폰을 구입하는 상황입니다. LG V10 휴대폰을 SK텔레콤으로 번호이동하며 599요금제 3개월 의무사용하는 조건으로 현금 6만 원에 할부원금 0원으로 구매했다는 의미입니다.

실전 예제처럼 여러 은어를 한 번에 설명하기 때문에 처음에는 다소 생소하고 어려울 수 있으나 조금만 익숙해지면 해석도 쉽게 되고, 휴대폰에 대한 적정가격을 알 수 있는데 도움을 받을 수 있습니다.

뽐뿌 정보 검색 TIP

뽐뿌는 쇼핑에 관련된 가격 정보에 포커스가 맞춰진 커뮤니티입니다. 따라서 뽐뿌에서 가격 정보에 대한 정보를 얻기 위해서는 일단 '뽐뿌 은어'처럼 뽐뿌에서 사용되는 용어에 대해 이해하고 빠르게 습득하는 것이 중요합니다. 또한, 디시인사이드처럼 많은 게시판이 운영되기 때문에 선택과 집중을 통해 필요한 정보를 수집하는 방법이 필요합니다.

1. 단축키 활용하기

뽐뿌는 앞의 오늘의유머처럼 회원들이 자주 방문하는 게시판으로 빠르게 이동할 수 있도록 단축키를 운영하고 있습니다. 다만 오늘의유머는 단축키를 사용자가 원하는 대로 편집할 수 없는 반면, 뽐뿌는 단축키를 사용자 마음대로 편집할 수 있습니다.

단축키	북마크
① 뽐뿌게시판	
② 이벤트게시판	
③ 구매게시판	
④ 질문/요청	
⑤ 자유게시판	
⑥ 생활정보	
⑦ 자유갤러리	
⑧ IT뉴스	
⑨ 사용기	
⓪ 장터 리스트	
⚙ 설정하기	

클릭 → 단축키 설정
페이지로 이동

옆의 이미지는 뽐뿌의 단축키입니다. 단축키는 뽐뿌 화면 우측에서 확인할 수 있습니다. 뽐뿌는 회원가입을 하지 않아도 기본적으로 운영진에서 설정해 놓은 단축키를 제공하는데, 옆의 이미지가 바로 기본 설정된 단축키입니다. 번호를 누르면 해당 게시판으로 바로 이동하게 됩니다.

회원가입을 하면 직접 단축키를 설정할 수 있고, 단축키 기능을 더욱 효과적으로 사용할 수 있습니다. 그럼 나만의 단축키를 설정하는 방법을 살펴보겠습니다. 먼저 회원가입 후 로그인을 한 뒤, 설정하기를 통해 설정 페이지에 들어갑니다.

위의 이미지가 단축키를 설정할 수 있는 페이지입니다. 번호 옆 창에서 ▼ 버튼을 눌러 자신이 설정하고 싶은 게시판을 지정하고, 맨 하단에 '변경하기' 버튼을 누르면 단축키 설정이 변경됩니다. 자주 방문하는 게시판 위주로 설정해 보세요.

2. 뽐뿌 은어 습득

뽐뿌 은어는 폰파라치와 법망을 피해 싼 가격에 거래하려는 것을 목적으로 태어났으나, 이제는 뽐뿌에서 하나의 문화로 자리매김하고 있습니다. 굳이 은어를 쓰지 않아도 되지 않냐는 일부 뽐뿌 회원들의 주장에도, 대부분의 뽐뿌인들은 계속해서 은어를 사용해 소통하고 있습니다. 따라서 뽐뿌에서 정보를 얻기 위해서는 뽐뿌 은어를 습득해야 합니다. 새로운 은어를 습득하기 위해서는 일단 사이트에 자주 들어가 활동해야 합니다. 또한, 새로 가입한 사람들을 위해 뽐뿌 용어를 취합해 정리해놓은 자료들이 있습니다. '휴포(휴대폰포럼)용어사전'이라는 제목으로 작성된 게시물이 그것인데, 용어들에 대한 기초지식을 쌓기에 유용합니다. 휴대폰 포럼 상단의 공지사항에서 해당 글을 살펴볼 수 있습니다. 최근 생긴 용어는 검색을 통해 계속해서 알아가야 하는데, 한 가지 팁은, 해당 글을 읽다가 모르는 것이 있으면 댓글에 물어보는 것입니다. 댓글을 다는 것도 포인트가 적립되기 때문에, 포인트도 올리고 정답도 얻는 일석이조의 길이 될 수 있습니다.

3. 최종 정리

지금까지 뽐뿌를 알아보았습니다. 뽐뿌를 통해서도 온라인 커뮤니티 이용자들이 문화를 만들고 전파하고, 공유하는 특징을 살펴보았습니다. 뽐뿌는 구매나 가격에 대한 정보를 얻고자 할 때 이용하면 활용성이 높습니다.

온라인 커뮤니티 오용
– 일간베스트저장소(일베)

지금부터는 온라인 커뮤니티를 잘못 사용하는 사례들을 살펴볼 것입니다. 온라인 커뮤니티는 강력한 전파성이 있기 때문에 올바르게 사용하면 유익한 정보를 얻는데 편리함을 얻을 수 있으나, 악의적으로 잘못 사용하면 전파력을 타고 사회적인 파장을 일으킬 수 있습니다. 하나의 온라인 커뮤니티를 통해 오용 사례를 알아볼 텐데, 바로 극우 성향의 커뮤니티로 평가받는 '일간베스트저장소(일베)'입니다. 한 가지 전제할 점은 지금부터 소개될 오용 사례는 비단 일베에서만 일어나는 것은 아니며, 모든 일베 회원이 커뮤니티를 오용하는 것은 아니라는 점입니다. 하지만 일간베스트저장소(일베) 유저들은 유독 다른 커뮤니티에 비해 타인을 배려하지 않고, 인터넷 윤리를 고려하지 않는 분위기가 퍼져 있습니다. 타인에 대한 욕설, 비하, 막말처럼 상대방에게 상처 줄 수 있는 행동에 감각이 무딘 일부 일베 유저들이 일베의 전체적인 분위기를 주도하여, 막장스러운 환경이 만연되었습니다. 왜, 언제부터 일간베스트저장소(일베)는 사회적인 문제를 일으키는 커뮤니티가 되었는지를 일베의 탄생과정을 통해 알아볼 것입니다.

그동안 일부 일베 유저들이 사회적으로 큰 문제를 일으켰을 때마다 커뮤니티 폐쇄를 주장할 정도로 우리 사회에서 일베에 대한 전반적인 인식은 좋지 않습니다. 그런데, 이렇게 사회악으로까지 취급받는 일베를 사용하는 유저들이 아직도 적지 않은데 그 원인이 무엇인지, 커뮤니티를 오용하는 것이 어떻게 그들에게 작용되기에 사용을 계속하는지 사례들을 통해 소개할 것입니다. 또한, 온라인 커뮤니티는 익명성이라는 양날의 검을 가지고 있습니다. 익명성은 외부적인 구속이나 무엇에 얽매이지 않고 자기 마음대로 할 수 있는 폭넓은 자유를 주지만, 자칫 잘못된 방향으로 사용할 경우 상대방에게 큰 상처를 주거나 혼란을 줄 수 있습니다.

누구든지 익명성을 잘 못 사용하는 유혹에 빠져들 수 있습니다. 인터넷 윤리를 저버리는 행위의 심각성을 인식하고 절제하려는 마음을 가지지 않으면 자신도 모르게 유혹에 빠질 수 있습니다. 인터넷에서는 다그치거나 올바른 길로 인도할 의무를 지닌 사람이 없기 때문인데, 지금부터 사회적으로 문제가 됐던 사례들을 살펴보며 익명성이 잘못 사용되었을 때의 심각성을 알아보겠습니다.

일간베스트저장소 역사

일간베스트저장소(일베)는 처음 사이트에 방문해 게시물의 제목들을 보는 것만으로도 거친 분위기를 느낄 수 있습니다. 제목에서부터 반말, 욕설, 비하 단어와 같은 표현들을 쉽게 접할 수 있기 때문입니다. 일베는 언제부터, 반말과 욕설을 아무렇지 않게 사용한 것인지를 알기 위해 일베의 탄생과정을 살펴볼 필요가 있습니다. 일베의 탄생 목적과 배경을 알면 일부 일베 유저들이 보이는 행태들에 대한 원인을 살펴볼 수 있습니다. 그럼 지금부터 일베의 흐름을 살펴보겠습니다.

일베의 탄생 과정에 대해서는 아직 100% 명확하게 밝혀지지 않았습니다. 지금까지 나온 여러 언론 기사들과 관련 책들을 통해 간추려 보자면, 일간베스트저장소는 디시인사이드에서 파생되어 나왔습니다.

앞서 설명했듯 과거 디시는 지금의 운영체제와 달리 인기 글을 모아 놓던 '일간베스트' 게시판이 있었습니다. 디시의 일간베스트 게시물은 힛갤처럼 운영자가 선택하는 것이 아닌, 기준치 이상의 추천을 받으면 자동으로 옮겨지는 시스템이었습니다.

자동으로 옮겨지는 특성상 아무래도 자극적이고 선정적인 게시물이 일간베스트 게시물로 선정되는 일이 많았습니다. 욕설이나 음담패설과 같은 게시물들로 지금의 일간베스트저장소(일베)와 비슷한 양상을 보였던 것입니다. 게다가 당시 디시의 일간베스트는 힛갤이나 초개념 갤러리처럼 사람들의 많은 관심을 받는 게시판이었습니다. 화제성 면에서도 다른 일반적인 게시판보다 우위에 있었습니다.

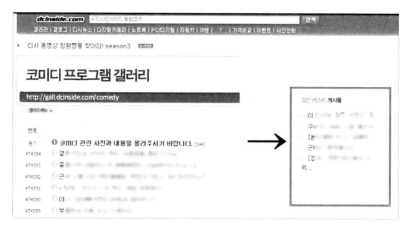

▶ 예전 디시인사이드 화면 구성 이미지 <출처: 나무위키>

따라서 디시 운영진은 일간베스트 게시판을 실시간으로 확인하며 음란성, 타인 비하 게시물 같은 문제성 게시물을 삭제하는 조치를 취했습니다. 일부 디시 회원들은 디시 운영진의 이러한 관리를 검열이라며 반대했고, 이윽고 일간베스트 게시물을 따로 저장하는 일종의 미러 사이트가 만들어졌습니다.

미러 사이트

다른 사이트의 정보를 거울처럼 그대로 복사하는 사이트를 말합니다. 그래서 명칭도 거울을 의미하는 미러(mirror)라고 합니다. 미러 사이트는 사이트가 다운되거나 해커들의 공격 등으로 사이트 내의 자료를 잃어버릴 것을 대비해 만드는 것이 보통입니다. 우리가 중요파일을 따로 USB나 외장메모리에 저장하는 것과 마찬가지입니다. 하지만 미러 사이트는 다른 이유로도 만들어지며, 가끔은 범죄에 악용되기도 합니다. 미러 사이트를 개설해 랜섬(Ransom, 인질의 몸값) 사이트로 사용하는 것인데, 아래와 같은 상황입니다.

A씨는 평소 싫어하던 연예인 B씨가 오락프로그램에서 가식적인 행동을 한다고 느껴 B씨에 대한 욕설과 비방 글을 커뮤니티 사이트에 게재합니다. 이후 자신의 글이 정도가 지나쳤고, 법적으로도 문제가 될 거 같아 해당 글을 지웠으나, 그 글은 이미 미러 사이트에 저장되어 있어 미러 사이트를 방문하는 모든 사람들이 삭제된 글을 볼 수 있었습니다. 이에 A씨가 미러 사이트 운영자에게 글의 삭제를 요청했는데, 미러 사이트 운영자가 글의 삭제를 원할 경우 50만 원을 송금하라며 돈을 요구하는 것입니다.

일종의 디시 미러 사이트로 출발한 일간베스트저장소(일베)는 자극적이고 선정적인 게시물들이 모여 있는 곳으로 알려지며 점차 사람들의 관심을 많이 받게 되었습니다. 회원 수도 급격하게 늘어나며 커뮤니티가 활성화되었는데, 역시 그 기초에는 막장성과 엄청난 활동성을 가진 디시인들이 있었던 것으로 전해집니다.

야갤(국내야구 갤러리), 코갤(코미디프로그램 갤러리) 등에서 디시의 막장성을 이끌었던 일부 회원들이 디시보다 제한이 적었던 일베로 자리를 옮기기 시작했고, 그들은 일베 안에서 거리낌 없이 표현하고자 하는 것을 마음껏 나타냈습니다. 이후 이런 분위기를 즐기려는 사람들이 계속 모여들어 지금의 일베가 형성되었습니다.

일간베스트저장소(일베)는 보수적 성향을 가진 사람들이 모이는 공간으로 구실을 하고 있으며, 보수를 넘어 극우적인 사고를 가진 사람들도 합세해 진보적 성향을 띄는 커뮤니티나 사람들에 맞서고 있습니다. 날이 갈수록 극우 성향을 짙게 띄는 커뮤니티로 평가받고 있으며, 과거 디시 코갤이나 야갤의 막장성까지 이어져 때때로 문제를 일으켰습니다.

일베가 계속 문제를 양산하자 2013년 당시 민주당은 일베 사이트에 대해 법원에 운영금지 가처분 신청을 내는 방안을 검토하고 있다고 밝혀 화제를 모았었습니다. 당시 사이트 폐쇄에 대해 찬성과 반대 의견이 대립했고 인터넷상에서의 표현의 자유에 대한 토의도 진행되었습니다.

지금까지 알아본 것처럼 태생적으로 일베 커뮤니티는 인터넷 윤리를 거부하고 모든 제재로부터 자유로운, 무제한의 자유를 원하는 사람들이 모여 콘텐츠를 만들고 공유했던 커뮤니티입니다. 사회 구성원으로서 기본적으로 지켜야 할 예의를 굳이 인터넷에서까지 지켜야 하냐며, 재미를 위해서라면 어느 정도의 타인을 비하하는 것도 크게 문제가 되지 않는다는 분위기를 서로 공유하고 있는 것입니다.

일간베스트저장소 분위기

- **지역 혐오 감정 팽배**

  5·18 민주화 운동을 폭동으로 바라보며 전라도 사람과 전라도 기반의 정당 등 전라도에 대한 포괄적인 비하와 조롱

- **여성, 장애인 등 혐오 분위기 만연**

  자격도 갖추지 못한 여성들이 오히려 남자들을 무시한다는 인식과 장애인에 대한 조롱 등 혐오 분위기 만연

- **그들만의 코드 향유**

  그들만의 독특한 코드와 집단성을 표출하며, 집단적 사고에 기반해 그릇된 행동도 부추기는 분위기

이번 파트에서는 일베 유저들이 어떤 행동을 하였기에 사회적 문제라고 불리는지, 문제가 많다는데 왜 그들은 계속해서 일베를 사용하는지 소개할 것입니다. 평범함을 거부하고 타인을 배려하지 않는 '나쁜 유머(타인이 상처받는 것을 고려하지 않는 유머)'로 무장된 일부 일베 유저들의 행태는 은연중 사회에 좋지 않은 영향을 미치고 있습니다. 일례로, 타인을 조롱하고 비하하는 뜻을 지닌 일베 신조어를 그 의미를 모른 채 사용했다가 곤혹을 치르는 경우를 들 수 있습니다. 일베가 문제를 일으켰던 사례들을 소개하며 커뮤니티 이용시 필요한 기본적인 예의와 주의점을 안내할 것입니다.

일베 대부분의 회원들은 남자 고등학교처럼 원초적인 재미를 추구합니다. 즉, 재미를 위한다면 다소간의 욕설, 비하, 음담패설을 얼마든지 허용할 수 있다는 데에 공감대가 형성되어 있습니다. 이렇듯, 누구의 눈치 볼 필요 없이 하

고 싶은 것을 마음껏 하다 보니, 자극적이고 선정적입니다. 자극적이고 선정적인 글이 불편함을 주지만 아이러니하게도 남고생 같은 일베 유저들에게 재밌고 관심을 끌다 보니, 더욱 자극적인 말이나 게시물이 생성되고 있습니다.

지역 혐오 감정

대부분의 일베 유저들은 전라도 지역과 관련된 모든 것들에 대해 포괄적인 비하와 조롱을 합니다. 원인은 일베 유저들이 민주화 운동을 폭동으로 바라보는 관점에서도 찾아볼 수 있습니다. 이러한 전라도 비난 분위기는 정치·사회 영역에 걸쳐 진행되고 있습니다.

1. 5·18 민주화 운동

대다수 일베 유저들은 5·18 광주 민주화 운동을 폭동이라고 주장하고 있습니다. 민주화 운동에 참가한 시민들이 당시 민주화라는 이름 아래 총을 탈취해 경찰을 공격하고 군대에 대항한 것은 정당화될 수 없는 불법행위라는 입장입니다.

5·18 광주 민주화 운동은 우리나라를 군부 통치에서 벗어나 민주주의 국가로 전환시킨 사건으로 평가받고 있습니다. 하지만 일베는 다른 입장을 견지하고 반박하였는데, 방법이 독특했습니다. 그 독특한 방법에 많은 일베 유저들이 반응했는데, 호응을 받는 이유 중 하나임을 부정할 수 없는 것이 독특함에서 나오는 그들만의 유머였습니다. 일베 유저들 사이에서 재밌었기 때문에 호응을 얻어냈던 것입니다.

문제는 그 유머가 일베 밖에서 보기엔 일반적이라거나 상식적이지 못한 유머라는 것입니다. 독특하고 비정상적인, 엽기적이라고 볼 수 있는 것에서 나오는 '나쁜 유머'였습니다. 일베 유저들은 민주화 운동을 폭동이라고 주장할 때, 논리적인 식견을 앞세우는 경우보다 합성사진과 나쁜 유머로 대신하는 경우가 많습니다. 대부분 민주화 운동에서 희생된 사람들이나 그 가족들에게 상처를 줄 수 있는 것들이었지만, 그마저도 일베 유저들에게는 단순히 재밌었기 때문에 용인이 되었던 것입니다.

일베는 민주화 운동 당시 많은 사람들이 자신을 희생해 우리나라의 민주화를 이끌어냈고, 그들의 가치를 기려야 한다는 기존의 상식을 깨버리는 데서 자신들의 존재감을 나타내고 있습니다. 게다가 일반적인 사고로는 도저히 이해할 수 없을 정도의 비하 행위들도 있었습니다. 정도가 너무 심해 일베 유저를 일베충이라고 부르게 되는 행동들이었습니다.

<출처: http://ilwar.com/poli/75892>

몇몇 일베 유저들이 광주 민주화 운동 희생자들의 시신을 택배 온 물건이나 홈쇼핑에서 팔리는 물건으로 취급한 이른바 '홍어 택배' 사건이 대표적이었습니다. 상상조차 못할 행동에 당시 우리 사회는 큰 충격에 빠졌고, 온라인 윤리에 대한 필요성이 대두되었습니다. 게시물을 올린 일베 유저들은 당시 20대 초반으로 젊은 청년들이었습니다.

이들은 문제가 불거지고 수사기관의 수사가 진행된 이후 자신들의 행동을 반성하고 5·18 국립묘지를 찾아가 참배하기도 했습니다. 당시 그 사건에서 한 가지 일베에 대해 놀라웠던 점은 해당 게시물이 적잖이 추천받았다는 것입니다. 홍어 택배 사건과 같은 비상식적인 행태에 대해 일베 유저들이 일정 부분 공감하고 재미를 느꼈다는 것을 뜻합니다.

중고등학생 사이에 일베를 사용하는 학생들이 반에서 절반 이상이라고 알려지며 일베가 젊은 청소년층에 깊숙이 침투해 있음을 반증했었고, 학생들이 아무렇지 않게 '민주화'라는 단어를 부정적으로 사용한다는 것도 드러났습니다.

여기서 잠시 일베에서 중요한 단어를 설명하고자 합니다. 바로 '민주화'와 '산업화'입니다. 일베에서 사용되는 '민주화'는 민주화 운동을 가리킵니다. 일베는 민주화 운동을 폭동으로 규정하고 있어, 부정적인 의미로 사용됩니다. 일베에서 비추천을 의미하는 단어도 '민주화'입니다. 민주화는 비추천을 넘어 부정적인 분위기에서 널리 쓰이며 의미가 확장되었는데 '실패했다', '무너졌다', '망했다' 등의 뜻으로 쓰입니다.

> ▶ 완전 매운 떡볶이 먹었다가, 내 혀 민주화 당했다.
> ▶ 사람들이 많이 모이니깐, 노점상들 활개 치고 있더라. 그래서 시청에 바로 제보했고, 시청에서 출동한다고 답장 왔다. 노점상들 민주화시켰다.

산업화는 민주화와 반대의 의미로 쓰입니다. 산업화는 사전적으로는 농업사회에서 공업사회로 변화되는 것을 말하는데, 일베에서는 민주화와 반대되는 의미로 사용하고 있습니다. 산업화는 일베에 반대하는 대상을 공격해 자신들의 주장을 성공적으로 전달하는 것을 뜻합니다. 예를 들면 광주 민주화 운동은 폭동이라면서 근거로 여러 이미지와 문서들을 엮어 만든 게시물의 제목을 '산업화 교육용 자료'라고 짓는 것입니다.

또한, 자신들과 다른 의견을 가진 네티즌들을 향해 산업화시켜야 할 대상이라고도 표현합니다.

2. 영역 확대

일베 유저의 입장에서 보면, 전라도 지역민들은 '폭동'을 '민주화 운동'이라고 주장하는 곳입니다. 범죄를 저지르고도 뉘우침이 없이 오히려 떳떳하게 큰소리치는 곳이라는 겁니다. 이러한 주장을 뒷받침하기 위해 전라도와 연관된 사건이나 인물을 자주 거론합니다. 내용은 주로 사회적인 지탄을 받을 만한 사건입니다. 사회적 지탄을 받을 행위를 한 사람을 살펴보니 '역시 전라도 사람이었다'라고 선전하는 것입니다. 정치 분야를 넘어 사회영역 등 다른 곳에까지 전라도를 비난하는 것이 미치고 있는 것입니다.

사실 주목을 끄는 사건이 발생했을 때, 신상을 캐내어 밝히는 속칭 신상털이는 디시의 코갤러들이 전성기를 이끌었고 이후 계속해서 이어져 왔습니다. 하지만 디시가 신상을 털려는 사람의 전반적인 것이나 모순점 등을 찾으려 했다면, 일베의 신상털이는 출신 지역에 집중되어 있는 경우가 대부분입니다. 전라도 출신인 것을 밝히거나 전라도 지역과 연관이 있는 사람인 것을 알리고 싶은 것입니다. 사회적으로 이목을 끄는 범죄나 사건이 일어났을 경우, 그 지역이 전라도 지역이거나 논란을 일으킨 사람이 전라도 출신인 것이 밝혀지면, 그 사람의 개인적인 범죄로 보는 것이 아니라 전라도 지역민 전체가 그런 특성을 가진 것처럼 일반화시킵니다.

일베의 전라도 지역에 대한 혐오감정은 전라도 지역을 기반으로 삼는 정당의 전직 대통령들에게까지 미칩니다. 전직 대통령들에 대한 비난이나 조롱물 제작으로 이어지는데, 노무현 전 대통령에 대한 조롱이 유달리 심합니다. 특히 일베에서 만든 노무현 전 대통령 관련 합성짤(사진)이 공중파 방송 등 일베 외부에까지 나와 사회적으로 논란을 일으켰습니다. 교묘히 합성시켜 언뜻 보기에는 이상이 없는 이미지로 보이지만, 자세히 살펴보면 그 안에 노무현 전 대통령을 조롱하는 이미지가 들어있는 것입니다.

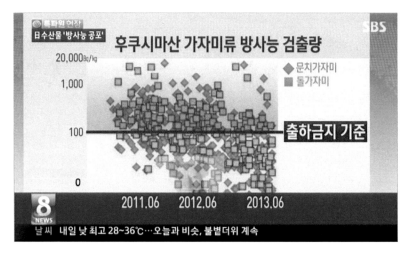

<출처: https://www.ilbe.com/1835224031>

위의 이미지는 실제 SBS에 방송된 화면입니다. 나오자마자 바로 논란거리가 되었었습니다. 그래프 이미지 하단에 희미하게 '노알라' 이미지가 들어있었기 때문입니다. 노알라는 노무현 전 대통령을 조롱하기 위해 노 전 대통령의 얼굴을 코알라와 합성시킨 것입니다. 위 그래프 이미지는 일베 유저가 노알라를 활용해 만든 그래프였는데, SBS 제작진 측에서 관련 자료를 만들면서 실수로 일베에서 만든 이미지를 자료화면으로 쓴 것입니다.

일베 유저들은 이처럼 실제 이미지나 로고를 교묘하게 조작해 자세히 살펴봐야만 일베에서 만든 조롱물임을 알 수 있는 합성물을 만들고, 이것이 일베 외부(방송, 책 등)에서 정식 로고나 이미지로 오인되어 사용되면 환호하고 재밌어 하는 그들만의 놀이가 있습니다. 더 많이 퍼지고 이슈화가 될수록 해당 가짜 로고나 이미지를 만든 제작자를 인정하고 칭찬합니다. 일베를 널리 알렸다는 것이 이유입니다. 이렇게 일베의 가짜 로고에 피해를 입는 곳들이 늘면서 '일베 로고 판별 사이트'까지 만들어졌습니다. 의심이 가는 로고를 검사해 그것이 일베에서 만든 가짜 로고인지 아닌지를 판별해 주는 사이트입니다. 그럼 몇 가지 예시들을 살펴보겠습니다.

<출처: http://www.ilbe.com/5254947808>

<출처: http://www.ilbe.com/3082308817>

<출처: http://www.ilbe.com/7267690347>

<출처: https://www.ilbe.com/8241306588>

<출처: https://www.ilbe.com/3895792335>

<출처: https://www.ilbe.com/5645230967>

위의 이미지들은 전부 일베에서 만든 가짜 로고입니다. 일베에서 만들었다는 표식을 심어둔 로고들인 것입니다. 언뜻 보면, 일베에서 만든 것이 가짜 로고가 아니라 문제가 없는 정식 로고인 것처럼 보입니다. 위의 로고 중 상당수는 실제 공중파 방송에서 정식 로고로 간주되어 사용되었던 것들입니다. 혹시 이상한 점을 못 발견했을 수도 있는데, 알아보겠습니다.

<출처: http://www.ilbe.com/5254947808>
①

<출처: http://www.ilbe.com/3082308817>
②

<출처: http://www.ilbe.com/7267690347>
③

<출처: https://www.ilbe.com/8241306588>
④

<출처: https://www.ilbe.com/3895792335>
⑤

<출처: https://www.ilbe.com/5645230967>
⑥

① 노무현 전 대통령 이미지입니다.

② 연세를 의미하는 'ㅇㅅ'이 적혀 있어야 하나, 일베를 뜻하는 'ㅇㅂ'가 적혀 있습니다.

③ 홍어 모양을 취하도록 했습니다.

④ 용의 손 모양이 일베를 뜻하는 손가락 모양을 표시합니다.

⑤ 호랑이 무늬를 자세히 보면 일베를 뜻하는 'ㅇㅂ'가 적혀 있습니다.

⑥ 노무현 전 대통령의 모습을 묘사한 이미지가 들어있습니다.

    아마 해설을 보고도 잘 이해가 안 될 수가 있는데, 이렇게 사람들이 직접 보고도 가짜 로고인지 모르는 것에 일베 유저들은 더욱 크게 반응합니다. 마치 인기리에 방영되었었던 '몰래카메라' 프로그램처럼 자신들이 다른 사람들을 속인 것을 보며 즐거워하는 것입니다. 실제 서적에도 일베에서 만든 가짜 로고가 들어가 재산 피해를 낸 사례도 있습니다.

　노무현 전 대통령을 조롱하는 행태로 또 하나의 큰 문제가 되고 있는 것이 일베에서 만든 노무현 전 대통령 관련 용어들입니다. 온라인 커뮤니티를 사용하다 보면 언제든지 일베 용어를 만날 수 있습니다. 그중에는 노무현 전 대통령을 조롱하기 위해 일베에서 만들어진 것들도 있습니다. 어떤 것들이 그것에 해당하는지를 알아야 주의하고 조심할 수 있으므로 소개하겠습니다.

　이후 소개될 '일베 용어 해설' 부분에서도 느끼겠지만, 일베에서는 노 전 대통령 관련 용어들이 적잖이 만들어졌습니다. 대부분 부정적이고 상대방을 비하할 수 있는 단어들입니다. '운지·중력절·노무노무'를 비롯해 모든 말의 어미를 '~노(盧)'로 표현하는 말투 등 노 전 대통령 관련 신조어는 많이 생산되었고 자주 사용되고 있습니다. 특히, 모든 말의 끝을 '~노(盧)'로 끝내는 것은 경상도 사투리와 혼동되어, 비하의 뜻이 아닌 것처럼 사용되는 경우가 있습니다. 그럼 예시를 통해 살펴보겠습니다.

> ▶ 일베에서 노노하는데, 이렇게 사용하면 되는거노? 무조건 뒤에 노만 붙이면 되는거노? 노짱 보고싶노.

　이렇게 언뜻 보면 경상도 사투리를 쓰는 것처럼 보이자, 일부 네티즌들은 경상도 사투리인 '~노'와 일베에서 사용하는 '~노(盧)'를 구분하기 위해 문법적인 해설을 덧붙이며 일베의 '~노(盧)'체에 대한 사용을 하지 않도록 안내까지 하는 실정입니다. 일베나 '~노(盧)'체에 대해 경험이 없는 어린 청소년이나 어린이들이 일베에서 쓰이는 '~노(盧)'체에 대해 거부감 없이 오히려 귀여운 사투리체로 받아들이는 것을 방지하기 위함입니다.

　'~노(盧)'체 외에 운지나 중력절 같은 일베 신조어는 노 전 대통령에 대한 인신공격성 의미를 담고 있습니다. 하지만 일베에서 만든 단어인 것을 인지하지 못하고 대충 무엇을 의미하는지만 알고 사용하는 경우가 있습니다. 일부 연예인들도 일베 용어의 유래와 뜻을 모르고 방송에서 사용했다가 큰 곤욕을 치렀었습니다. 예시로 몇 가지를 살펴보겠습니다.

> ▶ **노무노무**: 인기 그룹의 멤버가 공식 트위터에 '노무노무 멋졌다'는 글을 작성, 노무노무가 노 전 대통령을 조롱하기 위해 만들어진 용어임을 모른 채, 단지 귀여운 말투인 줄로만 인식하고 팬들에게 고마움을 전하려 했다가 논란이 되었습니다.
> ▶ **운지**: 인기 가수는 자신이 출연하는 프로그램에서 운지라는 단어가 노 전 대통령의 자살을 조롱하는 것에서 유래된 것임을 모른 채, 단지 '떨어지다'라는 의미로만 알고 '운지하고 맙니다'라고 발언해 논란이 되었습니다.

일베에서 만들어진 노무현 전 대통령 관련 '~노(盧)'체를 비롯해 다양한 용어들이 문제가 되는 것은 이 용어들이 일베를 벗어나 다른 곳까지 퍼지며 사용 인원이 점차 늘어나고 있다는 점입니다. 대표적인 곳이 '메갈리아'와 '워마드'입니다. 메갈리아와 워마드는 자체적으로 페미니즘을 주장하는 커뮤니티라고 하나, 외부적으로는 페미니즘이 아닌 페미니즘을 표방한 남성 혐오 커뮤니티라는 평가를 받는 곳입니다.

페미니즘 ⓘ

여성과 남성의 권리 및 기회의 평등을 핵심으로 하는 여러 형태의 사회적·정치적 운동과 이론들을 아우르는 용어입니다.

<출처: 두산백과>

특히, 메갈리아에서 떨어져 나온 워마드는 스스로를 여성 우월주의라고 하며, 일베 용어나 문장을 사용합니다. 워마드의 글들을 보다 보면 가끔 여기가 일베인가 착각할 정도로 '~노(盧)', '이기야', '노무노무' 등 일베의 말투가 묻어나 있습니다. 이것은 메갈리아나 워마드가 처음에 일베를 미러링하기 위해 태어난 커뮤니티를 자처했기 때문입니다. 일베의 여성 혐오를 그대로 남성 혐오로 바꿔 따라하는 '일베 미러링 커뮤니티'라는 이유로 일베의 말투도 따라 하는

것입니다.

지금까지 지역 혐오로 인한 문제점들을 살펴보았습니다. 지역 혐오 감정에서 생산되는 신조어나 합성사진은 온라인을 넘어 오프라인에까지 이어지며 문제를 일으키기도 했습니다. 온라인에서 단지 그 지역에서 나고 자랐다는 이유만으로, 그 지역과 연관이 있다는 이유만으로 혐오성 발언을 하다 보면, 실제 생활에서도 지역 혐오 발언을 할 수 있고 지역 혐오에 대한 생각이 마음속에 자리 잡을 수도 있습니다. 커뮤니티를 이용하는 사람들의 대부분이 지역 혐오 발언, 이를테면 전라도 지역을 홍어라고 부르는 분위기가 형성되면, 실제 혐오 감정을 가지고 있지 않은 사람도 분위기에 이끌려 혐오 발언을 사용하게 되는 경우가 있습니다. 따라서 온라인 커뮤니티 이용자들 스스로 혐오 발언을 듣고 상처받을 상대방을 헤아려 혐오 발언을 자제하려는 분위기를 조성하는 것이 필요합니다.

여성, 장애인 혐오

일베 유저들의 여성 혐오에 대한 전반적인 분위기는, 속칭 예쁘고 몸매 좋은 여성들은 개념까지 있어 남자들을 대우하는 반면, 못생긴 여자들이 남자를 무시하고 자신들이 대단한 줄 안다는 편파적 혐오입니다. 그래서 이들이 비난하는 대부분의 여성은 자신들의 기준에서 뚱뚱하고 못생긴 여성입니다.

1. 여성 혐오 만연

일베에서 여성은 '여자'나 '여성'이라는 단어로 불리지 않습니다. 여성의 성기를 부르는 단어나 신조어인 '김치녀(한국 여성을 비하하는 단어)'로 불립니다. 부르는 단어에서부터 여성에 대한 반감이 드러나는 곳이다 보니, 사실상 여성 혐오 커뮤니티의 근원지로 지목됩니다. 일베 유저들은 한국 여성들을 허영심이 가득하고 자존심만 강한 위선자로 생각합니다. 독특한 점은 다른 커뮤니티와 다르게 일베는 이런 인식에 대부분이 함께한다는 것입니다. 다른 커뮤니티에서는 여성 혐오의 내용이 너무 지나치면 다른 회원들이 당신의 어머니나 누나, 여동생에게도 그런 식으로 말할 수 있겠냐며 반발하는데, 일베는 반발하는 유저가 적다는 것입니다. 즉, 여성에 대한 불만과 분노가 만연되어 있습니다.

여성이 사회적으로 비난을 받을 만한 사건(예시: 지하철 개똥녀 사건)을 저질렀을 경우, 그 여성의 개인 잘못으로 다루지 않고, 여성들 전부의 행동으로 일반화시켜 비난합니다.

개똥녀 사건　(!)
애완견을 데리고 지하철을 이용한 여성이 강아지가 지하철 바닥에 대변을 보자, 강아지만 닦고 오물에 대한 뒤처리 없이 자리를 떠난 사건

또한, 일베 유저들은 여성 혐오를 나타내는 신조어를 아무렇지 않게 빈번히 사용하는데, 바로 '삼일한'입니다. 삼일한은 '삼 일에 한 번'의 줄임말로, 의미는 '여자는 삼 일에 한 번씩 패야 말을 듣는다'는 것입니다. 개념 없고 정신이 없는 존재이므로 때려야 정신을 차리고 말을 듣는다는 것입니다. 아주 충격적인 의미를 가진 단어임에도 일베 유저들은 '역시 김치녀는 삼일한이 답이다'라는 식의 말을 자주 사용합니다. 자신의 어머니나 친누나에게도 삼일한했다는 글을 게시할 정도로 여성에 대한 혐오감정을 표출합니다.

2. 역차별 분위기 만연

일베 유저들은 우리나라는 여성들에게 특혜가 많이 주어지고 있어 오히려 남자들이 그만큼 손해를 보고 있다는 '역차별 분위기'가 퍼져있습니다. 여성 혐오 분위기가 조성되는 주된 이유 중에 하나로 볼 수 있습니다. 일례로 '군대 가산점을 왜 인정해야 되냐?'는 과거 한 여성의 방송 인터뷰 캡처 영상을 게재하며 무개념 여성으로 갖은 비난을 쏟아내는 것입니다. 또한 무조건 여자라는 이유만으로 보호받고 남자라는 이유만으로 잠재적 범죄자 취급을 받는다며 이런 분위기를 혐오합니다. 예시를 살펴보겠습니다.

이러한 분위기 탓에 메갈리아나 워마드와는 계속해서 논쟁이 끊이지 않습니다. 사실상 서로를 적(敵)으로 인식하고 자신들의 주장으로 상대방을 제압하려는 활동의 일환으로 상대방 유저들을 비방, 무시, 조롱합니다.

3. 장애인 비하

일베는 속칭 병맛(병신같은 맛) 문화를 근본으로 합니다. 병신들의 놀이터, 그곳이 바로 일베라는 것입니다. 평범한 일베 유저들도 자신들이 병신이라는 아이러니를 가지고 활동합니다. 모두가 병신스러움을 인정하고 병신 같은 행동도 용인되어야 하는 곳이 바로 일베라는 주장인데, 분위기에 이끌려 장애인에 대한 비하도 서슴없이 나타납니다. 장애인에 대한 배려는 찾아보기 힘듭니다. 혹자는 장애인에 대한 지나친 배려가 오히려 장애인에 대한 차별이 될 수 있다고 주장하기도 합니다. 따라서 일베는 모든 사람이 병신이므로 장애인도 특별할 거 없이 평범한, 차별 없는 커뮤니티라고 말할 수도 있습니다. 하지만 개인 성격에 따라 자신의 장애를 가급적 밝히지 않고 싶어 하는 장애인들도 있고, 일베에서 자주 쓰이는 병신이나 애자 같은 단어에 민감한 장애인들도 있습니다. 기본적인 에티켓이 없는 것이지 차별이 없다고 보기엔 힘듭니다.

그런데 일베에서는 더 이해하기 힘든 일도 벌어집니다. 실제 장애인인 일베 유저들이 자신이 장애인인 것을 인증하는 것입니다. 손가락이 없거나 다리가 없는 장애 부위의 사진을 올리며 인증을 하는데, 처음 접하는 사람들은 이런 분위기가 어색할 것입니다. '일베 정회원 인증한다'라는 제목의 글들이 바로 자신이 장애인인 것을 인증하는 게시물입니다. 일베 정회원은 실제 장애인만 등극할 수 있다는 것이 일베 안에서의 법칙입니다. 병신들의 놀이터 일베에서도 정회원은 실제 장애인만 가능하다는 것인데, 주요한 점은 앞서 설명한 것처럼 실제 장애가 있는 일베 유저들이 용인한다는 점입니다. 정회원 인증(장애 인증)하고 궁금한 점을 물어보라고 태연하게 글을 쓰는 일베 유저들에게서 '일베스러움'을 느끼기도 합니다.

장애를 인증한 회원에게 위로와 응원을 나타내는 회원들도 적지 않으나, 댓글에서 위로를 건네는 것과 별개로 해당 글에 추천(일베로)을 줘서 게시물을 인기 게시물로 상승시키고 주목을 받게 하는 분위기는 설명하기 힘든 일베만의 특성을 보여줍니다. 이것은 다른 커뮤니티에서는 찾아보기 힘든 현상입니다. 게다가 자신이 궁금한 점에 대해서 상대방의 감정 따위는 고려하지 않고 물어봅니다. 아래는 실제 다리 한쪽이 불편한 장애인이 자신의 다리를 인증한 게시물에 달렸던 댓글 중 일부입니다.

> ↳ 얼레리 꼴레리 다리 없대요~ 다리 없대요. 짝발이래요. 얼레리 꼴레리. 축구하러 갈래? 축구 싫으면 농구하러 가자!
>
> ↳ 와, 양말 하나만 빨아도 되는 거노? 완전 개이득 아니노.

그들만의 코드

일베 유저들은 집단성을 가지고 그들만의 코드를 향유하고 있습니다. 특히나 자신들을 애국보수, 애국시민으로 지칭하거나 특이함을 추구하는 것을 대단한 것으로 추켜세우는 군중심리를 만들어 행동을 부추기는 분위기가 있는데, 그 행동에는 범죄행위로까지 이어질 수 있는 것들도 있어 문제가 되고 있습니다.

일베 유저들 중 상당수는 '일베가 이 나라를 지키고 있다'고 주장합니다. 이 표현에서 볼 수 있는 것처럼 일베 유저들은 집단성을 가지고 있습니다. 특히, 일베 유저들은 국가 안보와 관련된 사건에는 더욱 신속하게 정보를 공유하고 의견을 제시하는 집단적인 모습을 보입니다. 일베 유저들은 자신들을 애국보수라고 지칭하며 보수 성향의 사람들임을 자처합니다. 사회 안정을 지키고 있고, 국방을 튼튼히 지키는데 일조하고 있다고도 합니다. 이것을 증명하기 위해 근거로 내세우는 것 중 하나가 바로 '절대시계'입니다. 절대시계는 영화 '반지의 제왕(The Lord of the Rings)'의 절대반지에서 모티브를 얻은 단어입니다. 반지의 제왕에서 막강한 힘을 가져 모두가 소유하고 싶어 하는 것이 '절대반지'인데, 이것을 시계에 빗대 '절대시계'로 지칭합니다.

절대시계는 국가정보원(국정원) 시계입니다. 국정원에서 일반인에게 기념품으로 지급하는 손목시계인데, 간첩이나 국가 안보에 위해가 될 수 있는 것들을 신고한 사람 중 사안의 경중을 가려 감사의 의미로 절대시계를 보내줍니다.

절대시계를 얻기 위해 일베 유저들은 간첩이나 국가 안보에 위해가 될 수 있는 것들을 국정원에 신고합니다. 신고를 통해 국정원으로부터 절대시계를 받게 되면, 여지없이 인증합니다. 인증 글에서는 일부심을 느낄 수 있습니다. 일부심은 '일베를 하는 자부심', '일베 유저로서 자부심' 정도로 해석됩니다. 일베를 하는 것에 자부심을 느끼는 행동이나 일을 의미하는 것인데, 절대시계를 받으면 일부심을 표현합니다.

이렇게 일부심이나 그들만의 코드에서 만족감을 느낄 수 있는 행동들로 집단성을 만들어가는데, 때로는 부적절한 행위를 집단적으로 부추기고 있어 문제가 되고 있습니다. 문제되는 행동 중 하나가 이른바 '응딩이'들의 행동입니다. '응딩이'는 일베 안에서만 쓰이는 일베 용어입니다. '응딩이'도 노무현 전 대통령과 관련이 있는 일베 용어입니다. 노무현 전 대통령은 자주국방과 관련된 연설 중에 '미국의 보호 아래서 무책임하게'라는 뜻으로 '미국 응딩이 뒤에 숨어 가지고'라는 표현을 사용했습니다.

이후 일베에서는 '응딩이'를 해외에 거주해 국내 이용자들에 비해 법적 처벌이 상대적으로 쉽지 않은 이용자를 가리키게 되었습니다. 해외에 있기 때문에, 모욕죄나 명예훼손죄를 두려워하지 않고 입에 담지 못할 정도의 갖은 욕설이나 말을 거침없이 하는 유저들을 지칭합니다.

일베 유저들 중 상당수는 응딩이들이 하는 행동들을 자제시키지 않고 부추기고 있어 문제가 됩니다. 유명인들에 대해 입에 담지 못할 욕설을 작성한 응딩이의 게시물을 추천하거나 멋있다고 추커세우고 조금 더 강하게 해보라고 부추기는 것입니다. 또한, 답답할 땐 응딩이 유저들에게 부탁해서 응딩이를 통해 속 시원히 남을 비방하거나 비하해 보라고 권유하는 유저들도 있습니다. 이렇게 집단적으로 그 사람의 행동을 멋있다고 하면서 그들만의 군중심리를 만들고, 그 군중심리에 사용자들을 빠지도록 유도해 사람들이 더 자극적인 행동을 하거나 그런 행동을 계속해서 이어가도록 부추기고 있습니다. 온라인상 모욕이나 명예훼손에 그치지 않고 실제 생활에서도 범죄로 이어지는 행동들이 나타나 사회적으로 충격을 주고 있습니다. 그 예로 살펴볼 것이 바로 '황산 테러 사건'입니다.

황산 테러 사건은 한 일베 유저가 재미동포 신은미 씨의 토크콘서트에서 인화물질에 불을 붙여 투척한 사건입니다. 자칫 큰 인명피해로 이어질 수 있었던 사건입니다.

2014년 12월 10일, 고등학생이던 한 일베 유저는 일베가 애국보수라는 집단적 사고에 영향을 받았던 것으로 보입니다. 재미동포 신은미 씨가 종북(從北) 인사라며, 그의 활동을 방해하는 것이 애국하는 길이라고 생각하고 신은미 씨를 향해 인화물질을 뿌리려는 과정에서 인화물질이 바닥에 떨어졌던 사건인데, 그는 실제 행동으로 옮기기 전 일베에 사건을 예고하는 글을 올렸었습니다. 그의 행동을 제지하거나 위험성을 알리는 일베 유저는 없었습니다. 당시 콘서트에 참석했던 사람들이 긴급 대피했으며, 일부 참석자가 부상을 입기도 했습니다. 사람이 다치고 큰 인명피해가 일어날 수 있었음에도, 일베 유저들의 반응은 뜨거웠습니다. 범행을 저지른 고교생을 열사(烈士)라고 부르며 그의 행동을 지지했습니다. 지금도 일부 유저는 사건이 일어난 12월 10일을 열사 의거 기념일이라며 당시 사건을 기리기도 합니다. 인화물질을 투척한 고교생이 징역 1년에 집행유예 2년을 받은 것처럼 그의 행동은 명백한 범죄행위였습니다.

지금까지 일베의 주요 특징을 통해 커뮤니티가 오용되는 것을 살펴보았습니다. 일베는 일반상식을 파괴하는 행태로 재미를 추구하는 경향이 있어 때로는 사람들에게 상처를 주기도 하였고, 이로 인해 커뮤니티 자체에 대한 사회적 인식이 좋지 않습니다. 이는 일베가 기본적으로 '넘지 말아야 할 선 따위는 없다'라는 인식을 밑바탕으로 하고 있기 때문입니다. 굳이 온라인에서까지 예의를 지키며 하고 싶은 말을 참을 생각이 없다는 것입니다. 하지만 온라인이라고 해서 내가 하고 싶은 말이나 행동을 전부 해도 된다거나, 단순히 재미를 위해 타인에게 상처를 주는 것이 허용되는 것은 더더욱 아닙니다. 표현의 자유는 무제한적인 자유를 가지는 것이 아닙니다. 게다가 온라인 공동체를 형성하고 살아가는 오늘날의 시대에서는 인터넷 윤리나 도덕을 소홀히 해서도 안 됩니다.

일간베스트저장소 용어

일베에서는 그 안에서 사용되는 독특한 용어들이 있습니다. 속칭 '일베 용어'
로 불리는 것들입니다. 이제는 '일베 용어 사전'이 만들어질 정도로 많은 용어
들이 온라인 상에서 사용되고 있습니다.

문제는 일베 유저들이 집단성을 발휘해서 만든 일베 용어들은 타인을 비방
하거나 조롱하는 의미를 담은 것이 많은데, 그냥 단어만 놓고 보면 그것이 어떤
의미를 담고 있는지 파악이 안 된다는 점입니다. 일베 용어를 썼다가 곤욕을
치른 사람들도 용어가 일베에서 만들어진 것인지 모르는 경우가 많았습니다.

일베 용어의 경우 커뮤니티를 오용하는 것을 가장 잘 볼 수 있는 사례이기
도 합니다. 그들만의 나쁜 유머를 단어로 만들고 커뮤니티의 전파성을 이용해
그 단어를 다른 곳까지 퍼뜨려 네티즌들이 자신도 모르게 타인을 비난하는
단어를 사용하게 만들고 있는 것입니다.

일베 신조어가 빠르게 생기고 없어지고를 반복하고 있어, 모든 일베 용어를
설명할 수 없었다는 점을 미리 알려드립니다. 또한, 어떤 단어는 일베에서 만
들어지지 않은 단어일 수도 있다는 점도 참고해주세요.

그럼, 일베 안에서 많이 사용되고 있는 용어들을 소개하겠습니다.

일베 용어	해설
ㅍㅌㅊ	'평타취'의 초성만 쓴 것으로, 평균 수준을 뜻합니다. (ex.내 얼굴 이 정도면 ㅍㅌㅊ? → 내 얼굴 이 정도면 평균?)
ㅅㅌㅊ	'상타취'의 초성만 쓴 것으로, 평균보다 높은 수준을 뜻합니다. (ex.얼굴 이정도면 ㅅㅌㅊ? → 내 얼굴 이정도면 평균 이상?)

일베 용어	해설
ㅎㅌㅊ	'하타취'의 초성만 쓴 것으로, 평균보다 낮은 수준을 뜻합니다. (ex: 얼굴 이 정도면 ㅎㅌㅊ? → 내 얼굴 이 정도면 평균 이하?)
ㅁㅌㅊ	'몇타취'의 초성. 어느 정도의 수준인지를 묻는 용어입니다. (ex: 얼굴 ㅁㅌㅊ? → 내 얼굴 수준 어느 정도야?)
ㅁㅈㅎ (민주화)	비추천의 의미로 쓰입니다. (5·18 민주화 운동을 폭동으로 보는 관점에서 유래)
ㅇㅂ (일베로)	추천의 의미로 쓰입니다. (민주화와 반대되는 단어)
홍어	전라도 지역을 비하하는 용어입니다. (홍어가 전라도 지역을 대표하는 향토 음식인 것에서 유래)
일곱시	우리나라를 시계로 놓고 보았을 때, 전라도가 7시 방향에 위치한 것을 의미하는 용어로, 전라도를 뜻합니다.
전라디언	전라도 + ian(사람을 나타내는 영어 접미사) = 전라디언 보통 ian이 붙는 단어는 국적이나 인종을 구별 지을 때 쓰는 말로 전라도 사람들을 한국 사람과 따로 구별 짓는 용어입니다. '한국인과 정서적으로 맞지 않는다', '보통 한국인들과는 다른 사람들이다'라는 의미로 전라도 사람을 비하하는 용어입니다.
네다홍	'네, 다음 홍어'의 줄임말. 어떤 글이 진보 성향의 색채를 띠는 경우, 글쓴이를 일베를 교란시키기 위해 온 진보 세력으로 규정하고 조롱하기 위해 사용합니다. (ex: 난 보수이지만 문재인은 인정한다. / 댓글: 네다홍)
까보전 알보칠	'까고 보니 전라도'의 줄임말. / 알고 보니 칠(일곱시) (위의 네다홍과 마찬가지로 쓰이는 용어)
통구이 (통궈)	대구와 대구 사람을 비하하는 용어입니다. 대구 지하철 방화사건으로 희생된 사람들을 화재로 '통구이 되었다'고 표현한 데서 유래했습니다.
멍청도	충청도를 뜻하는 용어입니다.
감자도	강원도를 뜻하는 용어입니다.
감귤국	제주도를 뜻하는 용어입니다.
개쌍도	경상도를 뜻하는 용어입니다.
파오후	뚱뚱한 사람을 비하하는 용어입니다. 뚱뚱한 사람들은 숨을 쉴 때 소리가 '파오후 쿰척쿰척' 난다는 글에서 유래된 것으로 전해집니다. (ex: 헬스장 다니는 파오후들 특징 - 이틀 다니고 사라짐)

일베 용어	해설
(씹)선비	'유머를 유머로 보지 않고 갖은 비방, 훈수, 오지랖을 떨며 타인을 불쾌하게 하는 사람'을 지칭하는 용어로, 주로 일베 유저들이 오늘의유머 유저들을 부르는 단어입니다. (혼자 깨끗한 척, 잘난 척, 있는 척하는 사람들을 널리 지칭하는 의미로도 사용되고 있음)
틀딱(충)	노인을 비하하는 용어입니다. 틀니를 낀 사람이 딱딱거린다는 의미로 자신의 주장만 고집하는 어른들이나 무조건 보수 의견만 주장하는 어른들을 비하하는 은어로 꼰대보다 나쁜 뜻으로 쓰입니다.
게이	게시판 이용자의 줄임말. '회원'이나 '유저'의 의미로 사용됩니다. 예를 들어, 어떤 것을 질문할 때 "혹시 이거 아시는 회원님 계신가요?"를 "혹시 이거 아는 게이 있냐?"로 작성하는 것입니다. (다른 커뮤니티에서도 흔하게 회원을 게이로 사용합니다) ※ 자게이 → 자유게시판 이용자
일게이 행게이	일베 게시판 이용자의 초성을 뜻하는 용어입니다. (일간베스트저장소 유저들은 서로를 일게이라고 부름) ex: 일게이들아 이 옷 어때 보여? 행동하는 게시판 이용자의 초성을 뜻하는 용어 (어떤 행동을 실제로 실행한 회원을 지칭함) ex: 북한 삐라 주워서 국정원에 신고한 행게이다.
전땅크	탱크에 탄 전두환 전 대통령의 모습을 묘사한 용어로 전두환 전 대통령을 의미합니다. 5·18 민주화 운동 당시 탱크를 투입해 진압한 것에서 유래했으며, 행동에 있어 거침없이 재지 않고 추진하는 것을 높여서 나타내는 용어로도 사용됩니다.
슨상님 핵슨상 핵대중 찔뚝이 김머중	모두 김대중 전 대통령을 비하하는 용어입니다. ▶ 슨상님: 전라도 사람들이 김 전 대통령을 존경해 선생님으로 불렀다는 것에 대한 조롱입니다. '선생님'의 전라도 방언인 '슨상님'을 사용합니다. ▶ 핵슨상, 핵대중: 김 전 대통령의 햇볕정책으로 지원받은 북한이 핵 개발을 계속했다는 주장으로, 이를 조롱하는 용어입니다. ▶ 찔뚝이: 다리가 불편했던 김 전 대통령을 비하하는 용어입니다. ▶ 김머중: '김대중 개새끼 해 봐'라는 짓궂은 요청에 김 전 대통령을 지지하는 사람이 '대'와 모양이 비슷한 '머'를 사용해 김머중으로 피해 갔다는 일화에서 유래된 용어로, 최근에는 '대가리'를 '머가리'로 표현하는 등 '대'를 '머'로 대신 사용해 신조어를 만드는 추세가 있습니다.

일베 용어	해설
노알라 고무통 노짱 노오란그분 노시계 뇌물현 놈현	모두 노무현 전 대통령을 비하, 조롱하는 용어입니다. ▶ 노알라: 노 전 대통령의 사진을 코알라와 합성한 것입니다. ▶ 고무통: 고(故) 노무현 대통령의 줄임말입니다. ▶ 노짱: 이름 뒤에 붙여 친근감을 주는 호칭인 일본어 'ちゃん(짱)'을 활용해 노 전 대통령을 부르는 용어입니다. ▶ 노오란그분: 노 전 대통령의 상징색인 노란색에서 착안된 용어입니다. ▶ 노시계, 뇌물현: 노 전 대통령이 뇌물수수 혐의로 수사받은 것을 조롱하기 위해 만들어진 용어입니다. ▶ 놈현: 노무현 전 대통령의 이름을 축약한 용어입니다.
mc 무현	일베에서 노무현 전 대통령을 조롱하기 위해서 만들어 낸 가상의 가수입니다. ※ 일보드: MC무현 노래들을 모아둔 사이트. 450여 개가 넘는 MC무현 노래가 저장되어 있었으나, 현재는 폐쇄된 상태입니다.
운지	건강음료 '운지천'의 광고(1990년대) 중 주인공인 최민식 씨가 절벽에서 뛰어내리는 장면을 노무현 전 대통령이 투신하는 것에 비유하며 생긴 말입니다. '떨어지다', '망했다', '죽다'의 의미로 주로 쓰이고 있으며, 부정적인 의미를 나타내고 싶은 상황에 폭넓게 쓰이고 있습니다. (ex: 수능시험 완전 운지했다 / 힐러리 트럼프한테 완전 운지당했노 / 태풍 오는 날 비행기 예약되어 있는데, 비행기 운지하는 거 아니냐 / 며칠 동안 이상하더니, 결국 모니터 운지)
중력절	노무현 전 대통령이 투신한 5월 23일을 뜻합니다. 노 전 대통령이 부엉이 바위에서 투신했다는 점을 들어 '중력이 최고조로 올라가 아래로 끌어당기는 힘이 가장 센 날'을 뜻하는 용어입니다. (ex: '중력절 금기사항 4가지' 제시. '높은 곳에 올라가지 않는다, 시계를 차지 않는다, 부엉이를 따라가지 않는다, 두부를 외상으로 사지 않는다' → 노 전 대통령 서거 전후를 희화화)
노무노무	'노무현 + 너무너무'로 '너무너무'를 뜻합니다.
가카 원조가카 레이디가카	▶ 가카 = 이명박 전 대통령 ▶ 원조가카 = 박정희 전 대통령 ▶ 레이디가카 = 박근혜 전 대통령을 의미합니다.
삼일한	'삼 일에 한 번'의 줄임말입니다. 여자는 삼 일에 한 번씩 패야 말을 듣는다는 여성 비하 용어입니다.
암베(충)	'암컷 + 일베'로 '여성 일베 회원'을 의미합니다.
급식(충)	중·고등학생을 뜻합니다. 중··등학생들이 학교에서 급식을 제공받는 것에서 유래한 것입니다.

일베 용어	해설
똥꼬(충)	남성 동성연애자를 뜻합니다.
사스가	'역시'라는 뜻의 일본어를 한글로 표현한 용어입니다.
주작	'조작'을 뜻합니다.
좌좀	'좌익 좀비'의 줄임말입니다. 2008년 광우병 촛불집회 당시 집회를 이끈 사람들이 대부분 진보단체였고, 그들이 주최한 촛불집회에 참석한 사람들을 일베 유저들이 좀비로 표현해 만들어진 용어입니다. 지금은 진보적 성향을 지닌 사람들을 부르는 용어로 넓게 사용하고 있습니다.
앙망	'간절히 바란다'를 뜻하는 용어입니다. 앙망은 과거에 사용되던 단어로 지금은 일상에서 거의 사용되지 않는 단어입니다. 김대중 전 대통령이 감옥에 투옥 중 당시 대통령이었던 전두환 대통령에게 사면을 부탁하며 쓴 편지 마지막에 '선처를 앙망하옵니다'라고 사용해 일베에서 유명해진 단어로, 김 전 대통령을 조롱하는 단어입니다. 일베에서는 지금도 '부탁한다', '요청한다'의 의미로 자주 사용됩니다. (ex: 일게이들아 화력지원 앙망한다. 도움 앙망한다.)
앙망문	김대중 전 대통령의 사면 부탁 편지에서 유래한 것으로, 일베에서는 '사과문', '반성문'의 의미로 사용됩니다.
응딩이	해외에 거주하는 이용자를 가리키는 용어입니다.
닉값	닉네임값의 줄임말로, 닉네임에 걸맞은 내용의 글을 쓰거나 활동을 한다는 의미입니다. (ex: 닉네임이 '모태 솔로'인 유저가 소개팅에서 차인 사연을 작성 → 댓글: '닉값 하네')
일밍아웃	'일베 + 커밍아웃'의 합성어로, 일베 유저가 자신이 일베 유저임을 외부에 밝히거나 일베 유저임이 밝혀지게 되는 경우 사용하는 용어입니다.
일부심	'일베 + 자부심'의 합성어로, 일베하는 것을 자랑스러워 한다는 뜻입니다.
보슬아치	여성의 성기와 벼슬아치를 합한 것으로, 여성으로 태어난 것을 벼슬을 얻은 것처럼 특권으로 생각해 남성들로부터 특별한 대우를 바라는 여자들을 경멸하는 용어입니다.
주먹 주절먹	'주면 먹는다', '주면 절하고 먹는다'를 의미합니다. '먹는다'는 여성과의 성관계를 의미하는 것으로, '마음에 들지 않는 여자라도 허락하면 성관계하겠다'라는 식의 형태로 사용됩니다.
일벤져스	일베 + 어벤져스의 합성어입니다. 어벤져스는 아이언맨, 토르, 헐크 등 미국 만화의 슈퍼히어로들이 한데 뭉쳐 적들과 싸운 영화를 말하는데 '어벤져스 = 슈퍼히어로'로 사용됩니다. 즉, 자신들이 일베의 특공대라고 하면서 괴상하거나 독특한 행동을 하는 일베 유저들을 말합니다.

일베 용어	해설
느금띠	'느금마 + 기모띠'를 합성한 패륜적 용어입니다. '느금마'는 '너희 엄마'를 뜻하고, '기모띠'는 일본어로 기분이 좋다는 키모찌에서 변형된 것인데, 키모찌는 일본 야동(야한 동영상)에 나오는 여성이 신음소리를 낼 때 사용하는 것으로 인식되어 선정적인 의미로 사용됩니다. 즉, 너희 엄마 신음소리 정도로 의역되는 패륜적 단어입니다.
로린이	'로리타 + 어린이'의 합성어입니다. 어린 여자아이를 성적 대상으로 표현하는 것을 뜻합니다.

이상으로 온라인 커뮤니티의 오용 사례를 살펴보았습니다. 앞의 일베를 통해 살펴본 오용 사례는 비단 일베에서만 일어나는 것은 아닙니다. 또한, 일베를 통해 살펴보았지만 패드립이나 고인드립처럼 타인에게 상처를 주는 행동은 다른 커뮤니티에서도 일어나고 있습니다. 즉, 디시나 오유, 뽐뿌 이외에 수많은 커뮤니티에서 오용 사례는 일어나고 있고 앞으로도 충분히 일어날 수 있습니다. 어떤 커뮤니티를 이용하더라도 커뮤니티의 집단성과 전파성을 잘못 사용하는 것을 조심해야 합니다.

정보에 빠른 사람이 되기 위해 많은 사람들이 모이고 정보를 활발하게 공유하는 온라인 커뮤니티를 이용하는 것이 이제는 필수적인 시대로 접어들었습니다. 그만큼 온라인 커뮤니티를 사용해야 하는 필요성은 높아지고 있습니다. 필요성이 높아지고 점차 이용자가 늘어나는 반면 선생님이나 부모님처럼 잘못된 행위를 바로잡아 줄 사람은 없습니다. 커뮤니티 이용자들 스스로 법과 윤리, 도덕을 지키는 분위기를 조성해야 합니다. 이용자들은 조금 더 재밌는 생활을 즐기기 위해 온라인 커뮤니티를 이용하고 실제 생활보다는 자유롭게 자신의 생각과 의견을 나타낼 수 있지만, 무조건적인 자유가 아닌 것을 이해하고 온라인 커뮤니티 이용 시 주의를 기울여야 할 필요가 있습니다.

'정보 공유 공동체' 온라인 커뮤니티를 올바르게 사용해 가치 있는 정보도 얻고 새로운 관계도 형성해 보세요.